A Revolução Boliviana

FUNDAÇÃO EDITORA DA UNESP

Presidente do Conselho Curador
Mário Sérgio Vasconcelos

Diretor-Presidente
Jézio Hernani Bomfim Gutierre

Superintendente Administrativo e Financeiro
William de Souza Agostinho

Conselho Editorial Acadêmico
Danilo Rothberg
Luis Fernando Ayerbe
Marcelo Takeshi Yamashita
Maria Cristina Pereira Lima
Milton Terumitsu Sogabe
Newton La Scala Júnior
Pedro Angelo Pagni
Renata Junqueira de Souza
Sandra Aparecida Ferreira
Valéria dos Santos Guimarães

Editores-Adjuntos
Anderson Nobara
Leandro Rodrigues

Everaldo de Oliveira Andrade

A Revolução Boliviana

Coleção Revoluções do Século XX
Direção de Emília Viotti da Costa

Direitos de publicação reservados à:
Fundação Editora da UNESP (FEU)
Praça da Sé, 108
01001-900 – São Paulo – SP
Tel.: (0xx11) 3242-7171
Fax: (0xx11) 3242-7172
www.editoraunesp.com.br
www.livrariaunesp.com.br
atendimento.editora@unesp.br

CIP – Brasil, Catalogação na fonte
Sindicato Nacional dos Editores de Livros, RJ

A566r

Andrade, Everaldo de Oliveira
　　A Revolução Boliviana / Everaldo de Oliveira Andrade.
São Paulo: Editora UNESP, 2007.
　　il. – (Revoluções do Século XX)

　　Inclui bibliografia
　　ISBN 978-85-7139-763-7

　　1. Bolívia – História – Revoluções, 1952 .2. Mudança social – Bolívia – História – Século XX. 3. Bolívia – História – 1938-1982. I. Título. II. Série.

07.1764　　　　　　　　　　　　　　　　　　CDD: 984.052
　　　　　　　　　　　　　　　　　　　　　CDU: 94(84):"1952"

Editora afiliada

Asociación de Editoriales Universitarias
de América Latina y el Caribe

Associação Brasileira de
Editoras Universitárias

Apresentação da coleção

O século XIX foi o século das revoluções liberais; o XX, o das revoluções socialistas. Que nos reservará o século XXI? Há quem diga que a era das revoluções está encerrada, que o mito da Revolução que governou a vida dos homens desde o século XVIII já não serve como guia no presente. Até mesmo entre pessoas de esquerda, que têm sido através do tempo os defensores das ideias revolucionárias, ouve-se dizer que os movimentos sociais vieram substituir as revoluções. Diante do monopólio da violência pelos governos e do custo crescente dos armamentos bélicos, parece a muitos ser quase impossível repetir os feitos da era das barricadas.

Por toda parte, no entanto, de Seattle a Porto Alegre ou Mumbai, há sinais de que hoje, como no passado, há jovens que não estão dispostos a aceitar o mundo tal como se configura em nossos dias. Mas quaisquer que sejam as formas de lutas escolhidas é preciso conhecer as experiências revolucionárias do passado. Como se tem dito e repetido, quem não aprende com os erros do passado está fadado a repeti-los. Existe, contudo, entre as gerações mais jovens, uma profunda ignorância desses acontecimentos tão fundamentais para a compreensão do passado e a construção do futuro. Foi com essa ideia em mente que a Editora UNESP decidiu publicar esta coleção. Esperamos que os livros venham a servir de leitura complementar aos estudantes da escola média, universitários e ao público em geral.

Os autores foram recrutados entre historiadores, cientistas sociais e jornalistas, norte-americanos e brasileiros, de posições políticas diversas, cobrindo um espectro que vai do centro até a esquerda. Essa variedade de posições foi conscientemente buscada. O que perdemos, talvez, em consistência, esperamos ganhar na diversidade de interpretações que convidam à reflexão e ao diálogo.

Para entender as revoluções no século XX, é preciso colocá-las no contexto dos movimentos revolucionários que se desencadearam a partir da segunda metade do século XVIII, resultando na destruição final do Antigo Sistema Colonial e do Antigo Regime. Apesar das profundas diferenças, as revoluções posteriores procuraram levar a cabo um projeto de democracia que se perdeu nas abstrações e contradições da Revolução de 1789, e que se tornou o centro das lutas do povo a partir de então. De fato, o século XIX assistiu a uma sucessão de revoluções inspiradas na luta pela independência das colônias inglesas na América e na Revolução Francesa.

Em 4 de julho de 1776, as treze colônias que vieram inicialmente a constituir os Estados Unidos da América declaravam sua independência e justificavam a ruptura do Pacto Colonial. Em palavras candentes e profundamente subversivas para a época, afirmavam a igualdade dos homens e apregoavam como seus direitos inalienáveis: o direito à vida, à liberdade e à busca da felicidade. Afirmavam que o poder dos governantes, aos quais cabia a defesa daqueles direitos, derivava dos governados. Portanto, cabia a estes derrubar o governante quando ele deixasse de cumprir sua função de defensor dos direitos e resvalasse para o despotismo.

Esses conceitos revolucionários que ecoavam o Iluminismo foram retomados com maior vigor e amplitude treze anos mais tarde, em 1789, na França. Se a Declaração de Independência das colônias americanas ameaçava o sistema colonial, a Revolução Francesa viria pôr em questão todo o Antigo Regime, a ordem social que o amparava, os privilégios da aristocracia, o sistema de monopólios, o absolutismo real, o poder divino dos reis.

Não por acaso, a Declaração dos Direitos do Homem e do Cidadão, aprovada pela Assembleia Nacional da França, foi redigida pelo marquês de La Fayette, francês que participara das lutas pela independência das colônias americanas. Este contara com a colaboração de Thomas Jefferson, que se encontrava na França, na ocasião como enviado do governo americano. A Declaração afirmava a igualdade dos homens perante a lei. Definia como seus direitos inalienáveis a liberdade, a propriedade, a segurança e a resistência à opressão, sendo a preservação desses direitos o objetivo de toda associação política. Estabelecia que ninguém poderia ser privado de sua propriedade, exceto em casos de evidente necessidade pública legalmente comprovada, e desde que fosse prévia e justamente indenizado. Afirmava ainda a soberania da nação e a supremacia da lei. Esta era definida como expressão da vontade geral e deveria ser igual para todos. Garantia a liberdade de expressão, de ideias e de religião, ficando o indivíduo responsável pelos abusos dessa liberdade, de acordo com a lei. Estabelecia um imposto aplicável a todos, proporcionalmente aos meios de cada um. Conferia aos cidadãos o direito de, pessoalmente ou por intermédio de seus representantes, participar na elaboração dos orçamentos, ficando os agentes públicos obrigados a prestar contas de sua administração. Afirmava ainda a separação dos poderes.

Essas declarações, que definem bem a extensão e os limites do pensamento liberal, reverberaram em várias partes da Europa e da América, derrubando regimes monárquicos absolutistas, implantando sistemas liberal-democráticos de vários matizes, estabelecendo a igualdade de todos perante a lei, adotando a divisão dos poderes (legislativo, executivo e judiciário), forjando nacionalidades e contribuindo para a emancipação dos escravos e a independência das colônias latino-americanas.

O desenvolvimento da indústria e do comércio, a revolução nos meios de transportes, os progressos tecnológicos, o processo de urbanização, a formação de uma nova classe social – o proletariado – e a expansão imperialista dos países europeus na África e na Ásia geravam deslocamentos, conflitos sociais e guerras em várias partes do mundo. Por toda parte os grupos excluídos defrontavam-se com novas oligarquias que não atendiam às suas necessidades e não respondiam aos seus anseios. Esses extravasavam em lutas visando a tornar mais efetiva a promessa democrática que a acumulação de riquezas e poder nas mãos de alguns, em detrimento da grande maioria, demonstrara ser cada vez mais fictícia.

A igualdade jurídica não encontrava correspondência na prática; a liberdade sem a igualdade transformava-se em mito; os governos representativos representavam apenas uma minoria, pois a grande maioria do povo não tinha representação de fato. Um após outro, os ideais presentes na Declaração dos Direitos do Homem foram revelando seu caráter ilusório. A resposta não se fez tardar.

Ideias socialistas, anarquistas, sindicalistas, comunistas, ou simplesmente reformistas apareceram como críticas ao mundo criado pelo capitalismo e pela liberal-democracia. As primeiras denúncias ao novo sistema surgiram contemporaneamente à Revolução Francesa. Nessa época, as críticas ficaram restritas a uns poucos revolucionários mais radicais, como Gracchus Babeuf. No decorrer da primeira metade do século XIX, condenações da ordem social e política criada a partir da Restauração dos Bourbon na França fizeram-se ouvir nas obras dos chama-dos socialistas utópicos como Charles Fourier (1772-1837), o conde de Saint-Simon (1760-1825), Pierre Joseph Proudhon (1809-1865), o abade Lamennais (1782-1854), Étienne Cabet (1788-1856), Louis Blanc (1812-1882), entre outros. Na Inglaterra, Karl Marx (1818-1883) e seu companheiro Friedrich Engels (1820-1895) lançavam-se na crítica sistemática ao capitalismo e à democracia burguesa, e viam na luta de classes o motor da história e, no proletariado, a força capaz de promover a revolução social. Em 1848, vinha à luz o *Manifesto comunista*, conclamando os proletários do mundo a se unirem.

Em 1864, criava-se a Primeira Internacional dos Trabalhadores. Três anos mais tarde, Marx publicava o primeiro volume de *O capital*. Enquanto isso, sindicalistas, reformistas e cooperativistas de toda espécie, como Robert Owen, tentavam humanizar o capitalismo. Na França, o contingente de radicais aumentara bastante, e propostas radicais começaram a mobilizar um maior número de pessoas entre as populações urbanas. Os socialistas, derrotados em 1848, assumiram a liderança por um breve período na Comuna de Paris, em 1871, quando foram novamente vencidos. Apesar de suas derrotas e múltiplas divergências entre os militantes, o socialismo foi ganhando adeptos em várias partes do mundo. Em 1873, dissolvia-se a Primeira Internacional. Marx faleceu dez anos mais tarde, mas sua obra continuou a exercer poderosa influência. O segundo volume de *O capital* saiu em 1885, dois anos após sua morte, e o terceiro, em 1894. Uma nova Internacional foi fundada em 1889. O movimento em favor de uma mudança radical ganhava um número cada vez maior de participantes, em várias partes do mundo, culminando na Revolução Russa de 1917, que deu início a uma nova era.

No início do século XX, o ciclo das revoluções liberais parecia definitivamente encerrado. O processo revolucionário, agora sob inspiração de socialistas e comunistas, transcendia as fronteiras da Europa e da América para assumir caráter mais universal. Na África, na Ásia, na Europa e na América, o caminho seguido pela União Soviética alarmou alguns e serviu de inspiração a outros, provocando debates e confrontos internos e externos que marcaram a história do século XX, envolvendo todos. A Revolução Chinesa, em 1949, e a Cubana, dez anos mais tarde, ampliaram o bloco socialista e forneceram novos modelos para revolucionários em várias partes do mundo.

Desde então, milhares de pessoas pereceram nos conflitos entre o mundo capitalista e o mundo socialista. Em ambos os lados, a historiografia foi profundamente afetada pelas paixões políticas suscitadas pela guerra fria e deturpada pela propaganda. Agora, com o fim da guerra fria, o desaparecimento da União Soviética e a participação da China em instituições até recentemente controladas pelos países capitalistas, talvez seja possível dar início a uma reavaliação mais serena desses acontecimentos.

Esperamos que a leitura dos livros desta coleção seja, para os leitores, o primeiro passo numa longa caminhada em busca de um futuro, em que liberdade e igualdade sejam compatíveis e a democracia seja a sua expressão.

Emilia Viotti da Costa

Sumário

Lista de abreviaturas 15

Introdução 17

Cronologia 21

1. A Guerra do Chaco e a crise da oligarquia 27

2. A revolução de 1952 65

3. A consolidação da revolução 97

4. A Comuna de La Paz e a herança de 1952 139

Conclusão:
Luta de classes, indigenismo e neoliberalismo 167

Bibliografia 179

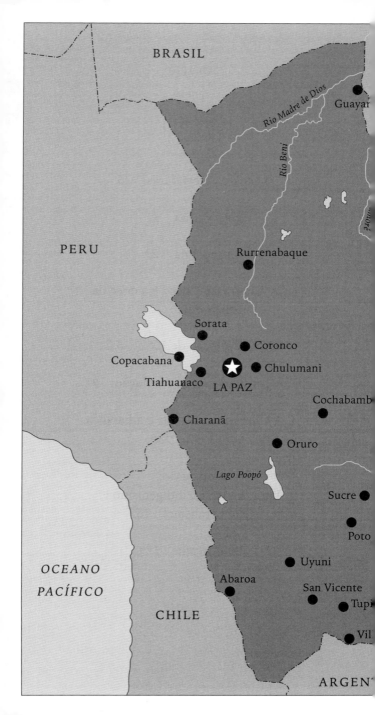

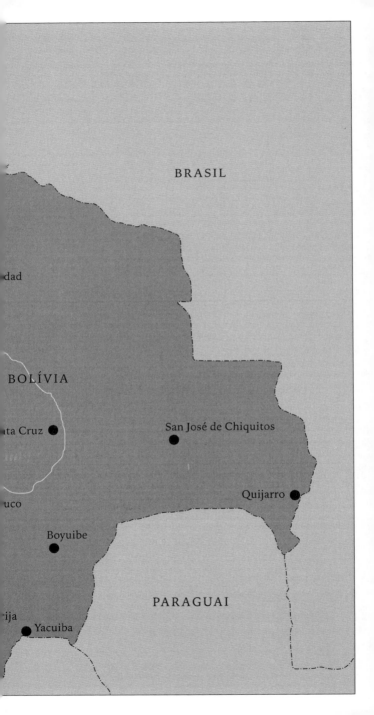

Lista de abreviaturas

ADN	Acción Democrática Nacionalista
COB	Central Obrera Boliviana
COD	Central Obrera Departamental
CODEP	Consejo Democrático del Pueblo
Comibol	Corporación Minera de Bolivia
Conade	Comité Nacional de Defensa de la Democracia
Condepa	Consciencia de Pátria
CNTCB	Confederación Nacional de los Trabajadores Campesinos de Bolivia
CON	Central Obrera Nacional
CSTB	Confederación Sindical de los Trabajadores Bolivianos
CUB	Central Universitaria Boliviana
ELN	Ejército de Libertación Nacional
Fejuve	Federación de Juntas Vecinales
FIB	Frente de la Izquierda Boliviana
FDA	Frente Democrático Antifascista
FOL	Fracción Obrera Local de La Paz
FOL-POR	Fracción Obrera Leninista del POR
FPI-POR	Fracción Proletaria Internacionalista del POR
FSB	Falange Socialista Boliviana
FSTMB	Federación Sindical de los Trabajadores Mineros Bolivianos
FUB	Federación Universitaria Boliviana

FUP	Frente Único Proletario
IC	Internacional Comunista
MAS	Movimiento al Socialismo
MIR	Movimiento de la Izquierda Revolucionaria
MNR	Movimiento Nacionalista Revolucionario
MRTKL	Movimiento Revolucionario Tupak Katari Libre
PCB	Partido Comunista de Bolivia
PCML	Partido Comunista Marxista-Leninista (maoísta)
PDCR	Partido Democrata Cristiano Revolucionario
PIR	Partido de la Izquierda Revolucionario
POR	Partido Obrero Revolucionario
PRIN	Partido Revolucionario de la Izquierda Nacional
PSOB	Partido Socialista Obrero Boliviano
PURS	Partido de la Unión Republicana Socialista
Radepa	Razón de Patria
Ucapo	Unión de Campesinos Pobres
UNP	Unión Nacionalista del Pueblo
UCS	Unidad Cívica Solidaria
YPFB	Yacimientos Petrolíferos Fiscales de Bolivianos

Introdução

Em 1952 a remota e tão próxima Bolívia, empobrecida por longos séculos de brutal colonização espanhola, começou a mudar sua história por meio de uma revolução. Embora tenha alcançado desdobramentos nos limites do reformismo nacionalista, o processo revolucionário continha em seu bojo perspectivas socialistas concretas. Provavelmente o fato de essas não se terem realizado – e em momento tão próximo da Revolução Cubana de 1959 – a tenha relegado a um lugar pouco destacado tanto entre as preocupações dos historiadores quanto daqueles que buscam no socialismo uma perspectiva para o futuro da humanidade. Passado mais de meio século desde 1952, quando o horizonte de possíveis rupturas revolucionárias parece envolver novamente a América Latina, revisitar e conhecer a revolução boliviana torna-se atual e relevante.

A Bolívia permanece um país de pobreza extrema, com uma história marcada por longa trajetória de rebeliões populares. Em 2004 o Produto Interno Boliviano (PIB) alcançava US$ 22,3 bilhões. O país ocupa uma área de 1.098.581 quilômetros quadrados, sendo que três quintos do território formam as planícies orientais, onde se situa a cidade de Santa Cruz. O altiplano andino tem uma altitude média de 3.600 metros, sendo a região onde se concentram os núcleos populacionais mais antigos do país. A população boliviana é multiétnica com 8,8 milhões de habitantes (2005), sendo que 62% da população se declarava indígena. Há 38 povos indígenas originários, entre os quais dois são os mais importantes: os quíchuas, que abarcam 38% da população, e os aimarás, que chegam a 25%. Os quíchuas estão localizados majoritariamente na área dos vales da região de Cochabamba e os aimarás, na região do altiplano. Os outros povos indígenas estão sobretudo nas terras baixas, compondo 6% do total da população recenseada.

A situação de atraso marcante do capitalismo na Bolívia tornou o debate sobre a estratégia da revolução tema que permanece candente entre as organizações políticas de esquerda e nacionalistas do país. Não se trata aqui de resenhar esses debates. Basta de início dizer que uma das características que dava extrema agudeza à formação histórica da nação boliviana era o desenvolvimento local do capitalismo, marcado pela grande desigualdade e combinação com formações econômicas anteriores de tipo pré-capitalista e semifeudal, o que tornava as contradições políticas e sociais ainda mais agudas. Esses contrastes revelavam-se principalmente no fato de que um setor minerador moderno e conectado diretamente com os centros econômicos mundiais em meados do século XX – que incorporava um jovem proletariado organizado e politizado – convivia com um setor agrícola marcado por formas de trabalho servis em grandes concentrações de terras, complementadas por formas tradicionais comunitárias e indígenas de exploração do campo. A burguesia boliviana, ao dar as costas ao desenvolvimento nacional e tornar-se uma agenciadora direta dos interesses dos capitais internacionais, apartou-se das maiorias de seu próprio país. Uma pequena vanguarda operária e socialista disputará com um setor nacionalista da pequena burguesia a busca de uma resolução histórica para os impasses bolivianos em oposição ao restrito núcleo da burguesia local. Entre a estratégia da revolução com conteúdo de reforma democrática e nacional – elaborada pelo Movimento Nacionalista Revolucionário (MNR) – e a revolução socialista que incorporava as medidas de emancipação nacional e democráticas – a revolução permanente do Partido Obrero Revolucionario (POR) – situaram-se as grandes clivagens táticas e ideológicas a partir de 1952.

O período do pós-Segunda Guerra despertou sempre grande interesse entre os estudiosos da América Latina, concentrados sobretudo em analisar os impasses e as contradições das políticas nacionalistas dos regimes bonapartistas da região. Ganharam destaque estudos sobre o peronismo argentino e o getulismo no Brasil, por exemplo, nos quais invariavelmente inseria-se a experiência boliviana de 1952 como mais um experimento reformista de setores das burguesias do continente. Não é essa a orientação deste livro, que busca demonstrar, ao contrário, que o sentido do progresso e da ruptura com os marcos do atraso econômico e social do capitalismo não esteve nas mãos das burguesias nacionais, mas das maiorias populares, tendo à frente seus setores mais politizados e organizados no movimento operário.

O momento de desencadeamento do processo revolucionário começara duas décadas antes de 1952, quando a derrota dos bolivianos na Guerra do Chaco (1932-1935) provocará um contínuo de crises governamentais ao lado do fortalecimento dos sindicatos e partidos ligados às forças sociais operárias, populares e da pequena burguesia. Os primeiros anos após a vitoriosa insurreição de massas de 1952 são marcados por importantes iniciativas revolucionárias, como a nacionalização da grande mineração, a reforma agrária e a criação da Central Obrera Boliviana (COB). Os limites do avanço das medidas econômicas de ruptura, marcados por intensa luta política e ideológica entre os setores reformistas e revolucionários, determinarão por fim os limites da própria revolução. A classe operária, mesmo não tendo logrado dirigir por uma via socialista o processo revolucionário – como almejavam seus setores de vanguarda – com sua ação levou as reformas econômicas muito além das perspectivas propostas pelo MNR. Alcançou ainda como classe um grau superior de organicidade, com a consolidação da COB como a principal instituição política do país nas difíceis décadas seguintes. O legado histórico da revolução de 1952 permitirá, principalmente por intermédio da COB, que no longo período militar entre 1964 e 1982, e, posteriormente, que as principais demandas populares por democracia e direitos elementares de sobrevivência permanecessem vivas. Essa longa trajetória da revolução boliviana, que mantém seus desdobramentos e sua História viva nos dias que seguem, serão examinadas nas páginas seguintes.

Cronologia

1932-1935   Guerra do Chaco

1935   Fundação do POR

1936   17 de maio – Golpe de Estado de David Toro contra Tejada Sorzano

1937   13 de julho – Golpe de Estado de German Busch

1939   maio – German Busch torna-se presidente constitucional; nacionalização da Standard Oil C.

1942   7 de junho – Lançamento de "El libro verde" – Primeira declaração ideológica do MNR
dezembro – Massacre de mineiros em Catavi

1943   21 de dezembro – Golpe de Estado do cel. Gualberto Villarroel e do MNR

1944   abril – 3ª Conferência do POR em Cochabamba
3, 4 e 5 de junho – Congresso Constituinte da FSTMB

1945   junho – 2º Congresso da FSTMB – Juan Lechín é eleito secretário-geral
15 de maio – 1º Congresso Nacional Indígena da Bolívia

1946 20 a 30 de março – 3º Congresso da
     FSTMB
     21 de julho – Golpe derruba
     Gualberto Villarroel
     8 de novembro – Congresso da FSTMB
     e aprovação das Teses de Pulacayo

1947 janeiro – Bloco mineiro-parlamentar
     do POR e FSTMB elege dez
     parlamentares
     28 e 29 de janeiro – Massacre de
     mineiros em Potosí
     Criação do Tratado Interamericano
     de Ajuda Recíproca (TIAR)

1948 abril – 2º Congresso Mundial da
     IV Internacional
     7 de maio – Renúncia do presidente
     Enrique Hertzog

1949 maio – Massacre de mineiros em Siglo XX
     agosto – Tentativa de golpe do MNR
     fracassa

1950 18 e 19 de maio – Greve geral e
     bombardeios aéreos em Villa Victoria,
     em La Paz

1951 eleições – Gabriel Gonsalves (PURS) –
     J. Arze (PIR) – Paz Estenssoro (MNR)
     Junta Militar toma o poder e não aceita
     a eleição de Paz Estenssoro
     3º Congresso Mundial da
     Quarta Internacional

1952 9 de abril – Golpe civil-militar do MNR
     10 e 11 de abril – Insurreição operário-
     -popular em La Paz e Oruro
     18 de abril – Fundação da COB

1º de maio – Lançamento do jornal
Rebelión da COB
2 de outubro – Decreto de nacionalização das minas

1953 6 de janeiro – Tentativa de golpe da ala direita do MNR fracassa
junho – 10º Congresso do POR com formação de frações internas: FOL-POR (Guillermo Lora e Edwin Moller) e FPI-POR (Hugo Gonzáles e Victor Villegas)
2 de agosto – Decreto da reforma agrária
9 de novembro – Tentativa de golpe da FSB

1954 31 de outubro – Início do 1º Congresso da COB

1956 julho – Eleição presidencial e vitória de Hernán Siles (MNR)
agosto – Implantação do 2º plano de estabilização do FMI (Plano Eder)

1957 junho – 2º Congresso da COB aprova greve geral

1960 Victor Paz Estenssoro é eleito para um segundo mandato como presidente

1964 4 de novembro – Golpe militar do gal. René Barrientos Orturo

1967 9 de outubro – Assassinato de Che Guevara em Vallegrande, oeste de Santa Cruz
24 de junho – Ataque militar às minas de Siglo XX – Massacre de San Juan

1969 setembro – Início do governo do general Ovando Candía
7 de outubro – Nacionalização da Gulf Oil

1970 1º de maio – Abertura do 4º Congresso da COB
4 de outubro – Golpe militar do gal. Rogelio Miranda
7 de outubro – Greve geral convocada pela COB e subida ao poder do gal. Juan José Torres

1971 10 de janeiro – Golpe fracassado dos coronéis Hugo Banzer e Edmundo Valencia
1º de maio – Abertura da Assembleia Popular
24 de junho – Início da sessão nacional da Assembleia Popular
19 a 22 de agosto – Golpe de Hugo Banzer fecha a Assembleia Popular e derruba Torres

1978-1982 período de grande instabilidade política com sucessão de eleições e golpes militares

1982 outubro – Posse de Hernan Siles da UDP como presidente

1985 julho – Victor Paz Estenssoro é eleito presidente

1986 agosto – Decreto 21060 de privatização da mineração estatal (Comibol)

1993-1997 Governo de Gonzalo Sanchez de Lozada aprofunda privatizações

1998	Governo de Hugo Banzer decreta programa "Coca Zero" e repressão aos movimentos sociais
2000	abril – Guerra da água em Cochabamba contra a privatização
2002	Eleições presidenciais vencidas por Gonzalo Sanchez de Lozada (Goni); Início da guerra do gás
2003	fevereiro e outubro – Insurreições populares contra o decreto de venda de gás
	17 de outubro – Renúncia de Sanchez de Lozada, Carlos Mesa assume a presidência
2004	1º de julho – Referendo popular aprova nacionalização dos hidrocarbonetos
2005	9 de junho – Renúncia de Carlos Mesa. Eduardo Rodrigues, presidente da Corte Suprema, assume a presidência
2005	dezembro – Eleição de Evo Morales, do MAS
2006	1º de maio – Decreto "Heroes de Chaco" nacionaliza gás e petróleo

1. A Guerra do Chaco e a crise da oligarquia

A depressão econômica mundial que se seguiu à Primeira Guerra Mundial e, posteriormente, à Crise de 1929 mostrou toda a fragilidade das estruturas econômicas de exportação de bens primários nas quais se baseavam os países latino-americanos. A economia boliviana, cujo principal produto de exportação era o estanho, foi profundamente afetada, trazendo, como consequência, quase imediata, longa série de crises políticas e sociais que se prolongaram nos anos seguintes.

A importância econômica da exploração do estanho na economia nacional tornou-se gradativamente maior ao longo do século XX, o que aproximou cada vez mais a Bolívia do mercado internacional. Entre 1900 e 1909 o estanho já representava 40% do comércio exterior; entre 1910 e 1919 subia para 60%; entre 1920 e 1939 alcançava 72%; e entre 1940 e 1949 chegou a 75% do total do comércio exterior do país. No entanto, essas crescentes exportações traziam pouco retorno para o desenvolvimento da economia nacional. Em primeiro lugar, pelos baixos impostos cobrados pelo governo, que durante muitos anos variaram de 3 a 5% do valor exportado, chegando a 13% em certos períodos mais curtos. Em segundo, porque a exploração estava extremamente concentrada: Simon I. Patiño, em 1931, detinha 62% do volume de exportações de estanho; Mauricio Hothschild, 26% do controle das exportações em 1938 e Carlos Aramayo, 10% em 1934 (Guzmán, 1986, p.263-6). Esses grandes proprietários priorizavam a exportação bruta de minérios, sem investir no processamento dessas matérias-primas em solo boliviano.

O poder dos grandes mineradores estendeu-se para outros ramos da produção e negócios e ganhou, posteriormente, dimensão internacional. Patiño controlava o maior banco da Bolívia, possuía jornais, ferrovias, fazendas, além de plantar sólidas raízes fora do país. Hothschild e Aramayo tinham negócios que também se ramificavam pelo conjunto da economia.[1] Até a nacionalização das grandes minas em 1952, pouco se alterou o quadro concentrador da produção, que, por outro lado, criava laços de extrema dependência do país com o mercado mundial. A pequena e a média mineração ocupavam um espaço secundário no mercado monopolizado pelos três grandes magnatas do estanho.

A queda internacional dos preços do estanho a partir de meados da década de 1920 provocou grandes abalos nos orçamentos governamentais. No período de 1926-1929, como consequência direta da depressão, aumentaram as dificuldades financeiras do Estado e houve necessidade de recorrer a grandes empréstimos internacionais. A partir de 1927, os preços caíram constantemente; nesse ano a tonelada do estanho estava em US$ 917, em 1929 baixaria para US$ 794. Foi nesse momento delicado que sobreveio a crise de 1929 (Virreira, 1979).

A queda constante dos preços do estanho, aliada aos aumentos dos serviços da dívida externa, arruinava as finanças públicas. Em 1929, 37% do orçamento já destinava-se ao pagamento da dívida pública. Houve uma desaceleração geral da economia nacional, queda da produção, desemprego e inflação crescentes. A Bolívia foi o país mais prejudicado pela queda dos preços do minério. Seus custos de produção eram mais altos,

---

[1] O grande desinteresse pelo desenvolvimento da economia nacional chegou ao ponto de os magnatas do estanho, com rendas superiores às do Estado boliviano, fundarem a sede de suas empresas no exterior. Em 1924 Simon Patiño fundou a Patiño Mines and Enterprise Consolidated Inc. no estado de Delaware, nos Estados Unidos, com capital de 6,250 milhões de libras. Em 1922 Aramayo fundou a Compagnie Aramayo de Mines en Bolivie S.A., com sede na Suíça e capital de 25 milhões de francos (JUSTO, L. *La Revolución Derrotada*, p.89).

comparativamente, a outros países produtores. A produção de estanho reduziu-se de 46 mil toneladas em 1929 para 14.700 no ano seguinte, o que provocou uma onda de fechamento de minas e desemprego. Muitos pequenos e médios mineradores faliram.

Em fins de 1930, o governo, em acordo com os grandes mineradores, impôs um programa de controle da produção e a cobrança de um imposto mínimo. As novas medidas procuravam garantir o mínimo equilíbrio às finanças públicas e preservar os interesses dos grandes mineradores. Em fins de julho de 1931, o governo de Daniel Salamanca foi obrigado a interromper o pagamento da dívida externa. Em meados de 1932 a produção de estanho foi paralisada e logo depois continuaria rendendo apenas um terço do que se produzia antes de 1929. Os preços chegaram a cair para US$ 385 a tonelada. Só em 1933 a Bolívia conseguiu recuperar seus níveis de produção de meados da década de 1920. Ao mesmo tempo, Simon Patiño patrocinou a criação do Comitê Internacional dos Grandes Produtores de Estanho, impondo cotas e controle ao mercado internacional, o que lhe permitiu, em plena crise, não sofrer perdas e fortalecer seus negócios (Almaraz Paz, 1967 p.35-40).

O poderio econômico crescente da grande mineração do estanho tornou o Estado boliviano uma caricatura, agência intermediadora entre os grandes capitais gerados pela mineração e o restante da burguesia boliviana. O pacto de poder que comandava o país combinava o setor minerador integrado à economia capitalista de ponta dos países industrializados com uma economia rural atrasada, de traços pré-capitalistas. A incorporação da economia boliviana ao mercado capitalista mundial se dera em fins do século XIX com a mineração do estanho, no momento em que se consolidava a fase imperialista do capitalismo. A economia desenvolvida desse momento em diante combinou, portanto, lado a lado, a rápida modernização da produção de estanho, com a introdução de novas técnicas e construção de ferrovias, com a economia pré-capitalista extremamente atrasada no campo. A cessão, por parte do Estado, de privilégios de exploração de petróleo, ferrovias e outros serviços aos Grandes Barões do estanho refletia dócil submissão econômica e política da burguesia em geral aos poderosos interesses econômicos ligados à mineração. O pequeno e limitado mercado surgido do circuito econômico da mineração e, em menor escala, do latifúndio era a base sobre a qual sobrevivia a elite política boliviana. As grandes fortunas acumuladas com a mineração não propiciaram, no entanto, o fortalecimento e o desenvolvimento da economia nacional. A extrema concentração e o peso da produção de estanho colaboraram para que não se estruturasse uma ampla e forte burguesia nacional. Essa se inseriu subordinada ao mercado internacional.

A crise de 1929 veio, assim a abalar todo esse frágil equilíbrio, pois redistribuiu os ônus da crise econômica, o que significou dissensões políticas e convulsões no próprio interior da burguesia. As fricções entre os grandes mineradores e o Estado tornaram-se mais frequentes. O grande peso da crise recaiu sobre o aparato estatal, fragilizando a estabilidade política. Os setores da pequena burguesia, que se haviam expandido no impulso do setor minerador-exportador, sofreram esse impacto, vendo ruir o único polo com certo dinamismo na economia, que permitia um limitado nível de ascensão social. O restante da população vivia, em sua esmagadora maioria, ainda fora de qualquer relação política ou institucional com o Estado e com o mercado. Mesmo as concentrações de mineiros ainda eram, na década de 1920, compostas de massas semi ou recém-proletarizadas com pouca importância na vida política nacional.

A Guerra do Chaco

A primeira e mais visível consequência da crise política e econômica provocada pelo terremoto de 1929 sobre a burguesia boliviana foi a Guerra do Chaco, que opôs de maneira sangrenta Bolívia e Paraguai entre os anos de 1932 e 1935. Seu impacto sobre as relações sociais e políticas do país foi profundo.

A deterioração da economia e a tensão crescente das relações políticas internas aumentavam as dificuldades do governo de Daniel Salamanca. Nas eleições de 1931, ele perdeu a maioria no Congresso. Nas ruas, as greves e os movimentos de estudantes cresceram. Em 1º de julho de 1931 Salamanca surpreendeu a todos rompendo relações com o Paraguai depois de um pequeno incidente na fronteira. Ainda em 1931, alegando ameaças comunistas, tentou aprovar um decreto que lhe daria plenos poderes, mas foi derrotado no Congresso (Klein, 1982, p.225-8). Essa derrota e a agudização dos conflitos internos fizeram seu governo concentrar as energias nas questões fronteiriças do Chaco como forma de desarmar conflitos internos e reconquistar a autoridade política. Rapidamente todos os setores políticos da burguesia cerraram fileiras com o governo em seus propósitos belicistas e isso ajudou Salamanca a justificar o desencadeamento de uma feroz repressão ao movimento operário e estudantil.

No final de julho de 1931, depois de alguns pequenos choques na fronteira, o governo decidiu investir na guerra total contra o Paraguai. A via das negociações foi deliberadamente descartada.[2] Salamanca insistiu na guerra mesmo depois da oposição do próprio alto-comando do Exército e da falta de iniciativas bélicas dos paraguaios. Tudo fazia crer que a vitória boliviana seria fácil e rápida. O Exército boliviano fora treinado por altos oficiais alemães, e a população e a estrutura econômica eram superiores às do Paraguai.

Quando, entretanto, a guerra teve início, em julho de 1932, o Exército boliviano, composto em sua maioria pelos índios acostumados a viver nas terras frias e de ar escasso dos altiplanos, foi confrontado com uma região inóspita, seca e

---

[2] A maioria dos autores atribui a principal motivação da guerra às disputas pelos supostos campos petrolíferos do Chaco entre a Standard Oil norte-americana e a Royal Deutsch inglesa, de maneira totalmente descontextualizada da crise econômica de fundo que abalava o conjunto da economia mundial e, particularmente, a boliviana.

arenosa, onde a resistência física contaria muito mais que a capacidade militar. E, nessas condições, desde cedo os paraguaios habituados àquelas condições superaram em capacidade militar o Exército boliviano. O que os bolivianos pretendiam que fosse uma rápida guerra de conquista tornou-se um pesadelo. Milhares de soldados morreram de sede e fome a centenas de quilômetros dos principais centros econômicos do país. Às dificuldades do meio ambiente aliou-se a própria incompetência do corpo de oficiais bolivianos.

Um incidente que ajudou o governo em seu intento de galvanizar um sentimento de mobilização nacionalista foi a recusa da Standard Oil, companhia petrolífera norte-americana que detinha o direito de exploração das jazidas em território boliviano, de ajudar o governo no esforço de guerra. Mais tarde descobriu-se que a empresa bombeava secretamente petróleo para a Argentina, aliada dos paraguaios. Esses incidentes tornaram popular a tese de que as motivações originais da guerra estariam no confronto entre a Standard Oil norte-americana e a Royal Deutsch inglesa, que detinha o direito de explorar supostas jazidas em território paraguaio. Esses fatos tiveram enorme repercussão política no interior da Bolívia, sendo o principal motivo para a posterior nacionalização da Standard Oil, e foram utilizados pelo governo como forma de aumentar a mobilização nacional em apoio à guerra. As campanhas nacionalistas desenvolvidas pelo governo tinham uma importância maior em vista do crescente número de deserções e da ação contra a guerra desenvolvida por grupos de esquerda. Muitos militantes antibelicistas foram presos e enviados à frente de batalha como soldados rasos.

Em 25 de novembro de 1934 Salamanca foi deposto pelo Exército em pleno desenvolvimento das operações militares, quando tentava mais uma vez trocar a chefia do alto-comando. O governo foi entregue ao vice-presidente Tejada Sorzano, que tratou de iniciar imediatamente conversações e assinar a paz em 14 de junho de 1935. A Bolívia terminava o conflito deixando mais de 65 mil soldados mortos, pelo menos 240 mil quilômetros quadrados de território para o Paraguai e a economia nacional destroçada.

Um dos principais motivos da derrota boliviana foi, inegavelmente, a própria estrutura econômica e social do país. Os índios aimarás e quéchuas continuaram segregados e humilhados pelos brancos e mestiços, mesmo nos campos de batalha. No interior do Exército essa discriminação também foi mantida. Oficiais e suboficiais brancos e mestiços desfrutavam de toda sorte de regalias enquanto os soldados eram privados dos mínimos cuidados médicos. Destreinados e inadaptados ao clima, os soldados-índios morriam com pouca consideração dos oficiais. A guerra não significou uma integração do índio à nação; pelo contrário, reafirmou toda a estrutura social de opressão, que ele já conhecia, e aprofundou ainda mais o fosso que separava a elite burguesa branca da maioria indígena ou mestiça.

Os problemas econômicos anteriores à guerra ganharam maior dimensão ainda. A inflação disparou e o desemprego e o subemprego nas cidades cresceram rapidamente. Muitos ex-combatentes índios não retornaram ao campo, dirigindo-se às cidades e engrossando a massa de desempregados. Apesar do pequeno impulso do setor manufatureiro logo após a guerra, a crise econômica abateu-se pesadamente sobre a pequena burguesia e o proletariado urbano. Outro fator de importância foi a interrupção da crescente capitalização e expansão da grande mineração do estanho. Nas zonas agrícolas a guerra interrompeu momentaneamente o processo de destruição das comunidades indígenas e expansão das grandes fazendas (Klein, op.cit., p.229). Ao contrário do que esperava a burguesia boliviana, a guerra tornou-se um acelerador da sua própria crise e estimulou o surgimento de uma oposição dos setores sociais mais atingidos pela crise do pós-guerra.

Dessa forma, podemos compreender melhor a ação da burguesia boliviana diante da crise política que se instalava no imediato pós-guerra, marcada por tentativas de manipular os emergentes movimentos oposicionistas provindos de setores operários e pequeno-burgueses, de modo a rearticular uma base política e social para o aparato estatal. Uma primeira demonstração dessa nova fase foi a curta atuação de Tejada de Sorzano, que tentou conter os novos impulsos reformistas e canalizar a insatisfação iniciando o processo judicial contra a Standard Oil. Sorzano criou ainda os ministérios do Trabalho e Bem-Estar na tentativa de forjar uma resposta política à crescente crise social. Essas medidas, no entanto, foram insuficientes para equilibrar a situação em favor do velho pacto de poder. O sistema político, que se manteve até a guerra, estava irremediavelmente abalado.

Os pequenos grupos marxistas e socialistas da década de 1920 desenvolveram-se e ganharam crescente audiência política no pós-guerra, entre os quais se destacou o Partido Obrero Revolucionario (POR), que teria importante papel na organização do movimento operário na década seguinte. O Congresso que deu origem ao POR, realizado em junho de 1935 na cidade de Córdoba, Argentina, representou uma primeira síntese do movimento das esquerdas bolivianas, tratando-se do primeiro partido político que surge diretamente influenciado pela crise política gerada pela Guerra do Chaco. Podemos dizer que expressava o início de um fenômeno social mais amplo: o amadurecimento político e organizativo crescente da classe operária boliviana passaria a contrastar com a deterioração ininterrupta, nas décadas seguintes, das instituições políticas e das bases econômicas tradicionais de sustentação da burguesia. Apesar de ser ainda um pequeno grupo, sua propaganda pacifista e revolucionária contra a guerra chegou às linhas de frente e teve importante influência nos crescentes motins e deserções das tropas bolivianas.

Setores da pequena burguesia, até então ligados ao aparato estatal sobretudo da administração e do Exército, passaram a procurar caminhos próprios. Essas novas forças políticas que surgiram ainda não possuíam densidade para disputar diretamente o poder, tornando-se então o Exército, por meio dos jovens oficiais, o primeiro canal em que a insatisfação geral e difusa ganhou expressão, constituindo os primeiros núcleos sólidos da corrente política nacionalista de base pequeno-burguesa no país.

Assim, contraditoriamente, apesar da derrota militar, pelas circunstâncias imperantes logo após a guerra, de desgaste dos partidos tradicionais da oligarquia, uma fração do Exército assumiu diretamente a condução do poder político. Os governos militares da década de 1930, apesar de indicarem uma ruptura na vida política nacional, foram marcados pela ambiguidade, pois, ao mesmo tempo que eram portadores de exigências reformistas, expressavam o temor dos militares de sofrerem represálias pela derrota na guerra e, nesse sentido, buscavam também preservar a instituição militar da derrocada geral do aparato estatal. As cúpulas militares mais identificadas com a elite política tradicional foram suplantadas por setores da média oficialidade mais distanciados dos políticos tradicionais. Abrigado sob uma roupagem reformista e socializante, esse setor do Exército tinha maiores possibilidades de dirigir as mobilizações sociais crescentes para os canais políticos sob controle institucional.

O "SOCIALISMO MILITAR"

Em maio de 1936, o Estado-maior do Exército decidiu assumir definitivamente o controle político do país. No grupo militar que assumiu o poder, destacava-se o coronel David Toro, respeitado por sua participação na Guerra do Chaco, para chefiar o governo. O jovem oficial German Busch, que se projetaria no futuro, assumiu o controle do Exército. Desde o início, os pronunciamentos do novo chefe fizeram alusões frequentes aos propósitos nacionalistas e socialistas que o orientavam, que em grande parte se resumiram ao desenvolvimento de medidas limitadas de intervencionismo estatal na economia.

Procurando esvaziar as bandeiras reformistas dos grupos de esquerda, do movimento operário e popular, que proliferavam, o governo Toro tomou como bandeira a nacionalização da Standard Oil sem direito a indenização. Essa iniciativa adquiria um sentido de acerto de contas da nação pela traição da Standard Oil, associada à derrota na guerra. A companhia tentou escapar à legislação boliviana. Por intermédio do governo dos Estados Unidos, pressionou Toro, mas sem resultados. O governo boliviano tinha investigado e comprovado as fraudes da empresa. Mesmo assim, as represálias dos estadunidenses só recuaram com a Segunda Guerra e o pagamento de indenizações. Toro fez da nacionalização o ato político mais importante de seu governo, conseguindo indiscutível apoio popular.

Apesar do respaldo conquistado entre os setores do movimento sindical e grupos nacionalistas da pequena burguesia, o governo de Toro oscilava entre pólos sociais contraditórios. Apoiou a criação da Confederação Sindical dos Trabalhadores Bolivianos (CSTB) em 29 de novembro de 1936. Nem bem se consolidava o movimento sindical, porém, Toro iniciou uma série de perseguições, prisões e deportações de militantes de esquerda que se aproveitaram das concessões à organização sindical e assumiram uma ação cada vez mais independente e ousada. A essas medidas seguiu-se ainda uma cooperação pública com os magnatas do estanho Hothschild e Aramayo. Tais viradas bruscas desequilibraram e tornaram inviáveis as bases políticas nas quais se sustentava o governo, em grande parte amparado pelos setores organizados do sindicalismo e por grupos nacionalistas e socialistas da pequena burguesia, mas sem romper com os núcleos da burguesia boliviana. Em reunião do Estado-maior do Exército, David Toro foi substituído pelo jovem tenente-coronel German Busch. Em junho de 1937 Busch assumia o poder comprometido com as linhas gerais do governo anterior. De qualquer forma, era um claro sintoma de que os velhos grupos políticos, apesar de suas constantes tentativas, não conseguiam se rearticular como força política dominante.

Em maio de 1938 foram convocadas eleições constitucionais e novas forças políticas prevaleceram sobre os partidos tradicionais. A nova Constituição assumiu um perfil mais progressista, reservando ao Estado um papel mais intervencionista na economia. Incorporou e legalizou uma série de conquistas trabalhistas, introduziu o conceito de função social da propriedade, proteções aos camponeses e às mulheres. Significou, enfim, um claro avanço nos direitos sociais e políticos do país, expressando a influência desfrutada por grupos reformistas e nacionalistas naquele momento e a posição relativamente desfavorável dos grupos tradicionais. Outra medida que veio complementar os conceitos sociais introduzidos na Constituição foi a promulgação, em abril de 1939, do Código de Trabalho, conhecido como Código Busch.

Essas medidas permitiram a German Busch reforçar o apoio de que já desfrutava entre muitos grupos socialistas e nacionalistas. Lideranças associadas na época à esquerda radical, como Tristan Marof, membro fundador do POR, passaram a colaborar diretamente com o governo. No entanto, as posições do chefe militar eram decididamente anti-socialistas. A primeira comemoração do 1º de Maio de seu governo foi marcada pela sonora proibição de bandeiras vermelhas, que ele ameaçou tirar pessoalmente daqueles que se atrevessem a desfraldá-las.

Para enfrentar a deterioração das finanças do combalido Estado boliviano e aumentar seu controle sobre a mineração, Busch criou o Banco Mineiro e obrigou os empresários mineiros a depositarem nele 100% de toda moeda estrangeira obtida com a venda de seus produtos.

Apesar de seu caráter limitado, circunscrito em grande parte a um controle de câmbio, a medida tinha um significado político importante, pois impunha um mínimo controle sobre a exportação de minérios e era algo que nenhum governo até então ousara implementar. O governo de Busch sempre oscilou entre, por um lado, a necessidade de controlar as massas populares e, por outro, as pressões dos grandes mineradores representados pelos velhos grupos políticos da burguesia, com os quais nunca chegou de fato a romper.

O governo de Busch ameaçou os interesses dos setores conservadores muito mais por seu caráter instável, pela ausência de um real aparato ou partido político que o sustentasse e permitisse um seguro controle do movimento social, haja vista os vínculos que o mantinham solidamente ligado à burguesia.

Seu suicídio em 23 de agosto de 1939 expressou de maneira trágica esses impasses, no confronto de classes que se acirrou e amadureceu durante seu governo. De fato, ele não era a expressão das novas forças políticas ainda frágeis que surgiam, mas o testemunho da debilidade e da falta de resposta política unificada do conjunto da burguesia. As antigas divisões dos velhos grupos políticos foram, no entanto, pouco a pouco sendo superadas pela clara convicção da necessidade de unir em um campo de classe único as principais forças políticas da burguesia para evitar o colapso do regime.

Nesse espaço político criado pela crise, cresceu e se fortaleceu, de outra parte, o movimento operário, gerando maiores temores e perigos para os interesses da burguesia. O movimento da pequena burguesia de jovens oficiais do Exército foi acompanhado de maior mobilização e conscientização entre as camadas trabalhadoras das cidades e do campo. Ao lado da decomposição do Estado oligárquico, germinava então um movimento de recomposição política e social em torno de novos núcleos operários e de uma pequena burguesia urbana que despertava. Esse é o principal alicerce do surgimento das novas organizações políticas nacionalistas e de esquerda. Ao não expressarem um novo sistema de poder, mas um momento de crise do regime político, os governos Toro e Busch tiveram antes a função de redirecionar e conter o impulso revolucionário e renovador que provinha da pequena burguesia e do jovem proletariado do que de acelerar seu amadurecimento. A crise econômica limitava as possíveis concessões econômicas e políticas que poderiam ser oferecidas à pequena burguesia e ao proletariado. Essa situação explica grande parte do intento restauracionista e autoritário do próximo governo.

O SURGIMENTO DE NOVOS PARTIDOS

Os militares ligados à burguesia aproveitaram-se do desaparecimento de Busch e impediram que seu vice-presidente, Baldivieso, assumisse. Os desdobramentos da situação internacional com certeza pesaram nessa decisão. O aumento da pressão imperialista sobre a burguesia boliviana no final da década de 1930 exigia um governo sob seu controle mais direto. A morte de Busch foi a oportunidade para que os militares conservadores e mais próximos à burguesia retomassem plenamente o controle do Estado e eliminassem os excessos reformistas do período pós-guerra do Chaco (Klein, op.cit. p.256-7). No Exército as divisões entre nacionalistas e conservadores ganhavam terreno.

Um sintoma importante da rearticulação conservadora foi a realização de um movimento de unidade dos velhos partidos de direita. Em 21 de março de 1939 o Partido Liberal, o Republicano Genuíno e o Republicano Socialista uniram-se em um pacto denominado "Concordância", defendendo ideias clássicas do liberalismo e o retorno de práticas políticas anteriores à Guerra do Chaco. Uma das reivindicações mais importantes era a retomada do controle do governo pelos civis. A maior importância do pacto residia, no entanto, no fato de que a burguesia abandonava, pelo menos naquele momento, sua estrutura de partidos personalistas e passava a atuar como classe, procurando defender de maneira unitária seus interesses.

O movimento de independência de classe do proletariado, que tivera no surgimento do POR seu marco inicial, e as dissensões de setores da pequena burguesia da hegemonia burguesa se aprofundaram com o aparecimento de outros partidos. Em torno de José Antonio Arze, líder estudantil exilado, organizou-se em 1939 a Frente da Esquerda Boliviana (FIB), com importantes apoios nos meios estudantis. Em 26 de julho de 1940 essa frente deu origem ao Partido da Esquerda Revolucionária (PIR), que passou a atuar praticamente como seção da Terceira Internacional, funcionando como o depositário das orientações da esquerda stalinista no país.

Nos primeiros dias de outubro de 1938, com propostas programáticas e de organização absolutamente irreconciliáveis, o POR terminou por cindir-se em duas facções. A maioria da militância tomou o caminho de Tristan Marof. Este grupo logo viria a fundar o Partido Socialista Obrero Boliviano (PSOB), que desapareceria nos primeiros anos da década de 1940 depois de dirigir por um certo período a CSTB. Tristan Marof terminaria sua carreira política como secretário do gabinete do presidente Henrique Hertzog em 1948. Os remanescentes da cisão do POR rearticularam-se, organizando no mês de dezembro de 1938 nova Conferência. O partido recebeu importante impulso com a proclamação da Quarta Internacional às vésperas da Segunda Guerra Mundial.

Na década de 1930 a política de frente popular ou aliança de classes entre o proletariado e a burguesia desenvolvida pelos partidos comunistas tornara inviável a atuação da Oposição de Esquerda no seio da Terceira Internacional dirigida por Moscou. Para Leon Trotski, principal dirigente da Quarta Internacional, tratava-se fundamentalmente de assegurar a continuidade da herança histórica do movimento que permitira a Revolução Russa de 1917, a ação independente do proletariado, a democracia operária e o internacionalismo, e cujo curso original Stalin desviara. A proximidade da guerra e o extermínio sistemático dos militantes revolucionários ligados ou não a Trotski impunham para estes, em condições extremamente difíceis, a necessidade de fundação de uma nova Internacional operária, da qual o pequeno grupo boliviano faria parte. Ao longo da década de 1940 o POR tornou-se o mais importante partido operário boliviano e uma das seções mais ativas da Quarta Internacional.

Durante os governos de Toro e Busch, um grupo de profissionais liberais e burocratas identificados com o nacionalismo moderado se agrupou dando origem, em 1941, ao Movimento Nacionalista Revolucionário (MNR). Entre seus principais dirigentes destacavam-se Augusto Céspedes, Victor Paz Estenssoro, Carlos Montenegro e Hernan Siles Suazo. Esse partido, que em futuro próximo assumiria importante papel, estava, no entanto, profundamente ligado por laços econômicos e políticos à elite política burguesa e possuía uma prática política elitista baseada no personalismo. Sua plataforma nacionalista era ampla o suficiente para abrigar diferentes componentes do nacionalismo. O fascismo contava com importantes simpatizantes, sendo visto por alguns líderes como uma "terceira via" entre o capitalismo identificado com a oligarquia e o comunismo. A mais visível influência foi o antissemitismo presente no programa emenerrista. A plataforma política do partido em 1942 denunciava as influências estrangeiras embutidas no judaísmo e propunha a proibição da imigração judia. O jornal *La Calle* desenvolveu e divulgou as ideias do partido de forma mais sistemática nesse período.

O general Quintanilla ocupou um mandato-tampão entre a morte de Busch e as novas eleições. Com o voto "qualificado" dos poucos milhares de alfabetizados, foi eleito o general Enrique Peñaranda, apoiado pela coalizão conservadora Concordância. O fato de a Concordância ter apoiado um militar deixando de lançar um civil, como pretendia originalmente, revelava o grau de desarticulação e crise no qual se debatiam os velhos partidos da burguesia boliviana. No entanto, a importante votação alcançada pelo desconhecido candidato da oposição José Antonio Arze, do recém-fundado PIR, era um sintoma de que a burguesia não conseguira deter o movimento crescente de oposição, mesmo com as restrições que caracterizavam o pequeno colégio eleitoral. Contraditoriamente, o governo Peñaranda acabou permitindo que o movimento de massas se desenvolvesse ao bloquear os canais de controle institucional criados por Toro e Busch. Dessa forma, os possíveis amortecedores do choque social e da ação de massas independente foram eliminados e o confronto direto tornou-se a tônica de seu governo.

A Segunda Guerra e a mineração do estanho

O mandato de Enrique Peñaranda foi marcado pelas consequências políticas e econômicas da Segunda Guerra Mundial sobre a Bolívia. Recusando-se a aceitar a estratégia reformista desenvolvida anteriormente por Toro e Busch, seu governo se refugiou no estreitamento de relações com os Estados Unidos, procurando se engajar firmemente ao esforço de guerra aliado. Como resultado, a guerra teve um impacto mais profundo do que se previa sobre o país, afetando o conjunto da base econômica e das relações sociais internas, introduzindo novos elementos de desequilíbrios e tensões.

O início da Segunda Guerra Mundial cobrou do governo boliviano maior compromisso com os interesses dos Estados Unidos, que exigiu que os preços dos minérios se situassem abaixo das cotações do mercado, como forma de os bolivianos contribuírem com o esforço de guerra. A partir de 1942, a Bolívia tornou-se praticamente o único fornecedor de estanho aos Aliados. Com isso, o Estado perdeu recursos essenciais e a margem de lucro das companhias também declinou. Para combater a queda dos preços, as companhias dobraram a produção entre 1938 e 1942 e aumentaram em 40% a força de trabalho. Ao final da guerra, o Estado estava em séria crise financeira e os acampamentos mineiros, com enormes concentrações operárias sub-remuneradas (Dunkerley, 1987, p.23-4).

A oposição passou a desenvolver grande campanha nacionalista em torno do estanho subsidiado que o país vendia aos Estados Unidos. O governo foi acusado de ser entreguista e de desperdiçar a riqueza nacional. Outra campanha nacionalista que teve importante repercussão relacionava-se à defesa do petróleo. A Standard Oil exigia a devolução de suas instalações e o pagamento de indenizações, procurando tirar proveito da dependência do governo Peñaranda do apoio estadunidense. Os nacionalistas fizeram então uma campanha em defesa da Yacimientos Petrolíferos Fiscales de Bolivianos (YPFB), criando em 24 de janeiro de 1941 a União Boliviana Defensora do Petróleo. Os setores governistas diziam, em contraposição, que propostas nacionalistas seriam prejudiciais à manutenção da amizade com os Estados Unidos.

As medidas repressivas contra o movimento social aceleraram a coesão política do proletariado e da pequena burguesia. Em 13 de abril de 1942 o governo ditou o Decreto de Segurança de Estado, impondo medidas draconianas para tentar controlar as mobilizações sociais que cresciam. No entanto, as eleições parlamentares de 1942 precipitaram a crise. Os partidos tradicionais alcançaram 14.163 votos contra os 23.401 dos outros partidos não identificados com o governo. Era uma expressão numérica do deslocamento político da pequena burguesia urbana, que procurava se distanciar dos partidos tradicionais, o que já se pronunciara em menor escala nas eleições constituintes de 1938. Contudo, a ação do MNR, partido político que representava grande parte desse fenômeno, expressava os limites e as contradições nos quais esse deslocamento social se movia. Seu principal dirigente partidário, Victor Paz Estenssoro, foi indicado, em junho de 1941, para o cargo de ministro da Economia de Peñaranda, com respaldo do Comitê dirigente do MNR (Guzmán, 1986, p.23-4). As reivindicações nacionalistas e democráticas dependiam, de fato, do impulso do movimento operário organizado para avançar e se consolidar.

No final de 1942 a mineração boliviana atingia seu grau máximo de atividade. As empresas procuravam enfrentar a queda dos preços subsidiados aos Estados Unidos aumentando brutalmente o nível de exploração da força de trabalho. Em 30 de setembro o Sindicato dos Mineiros de Catavi apresentou uma pauta de reivindicações exigindo melhorias salariais e reconhecimento sindical. A empresa Patiño, além de não participar da Junta de Conciliação, conforme determinava a legislação, exigiu do governo considerar os sindicatos ilegais e declarar estado de sítio para deter a agitação que, segundo ela, teria razões políticas e prejudicaria os acordos internacionais do país. O sindicato decretou greve geral a partir de 14 de dezembro. O governo agiu rápido, acionou o Exército e um dia antes do início do movimento os dirigentes do sindicato foram presos. Uma grande mobilização exigindo liberdade aos dirigentes foi recebida à bala pela polícia.

Com os dirigentes presos, a greve ganhou adesão maciça dos mineiros. O governo tentou minar o impulso do movimento cortando os salários, o que exacerbou ainda mais os ânimos. No dia 21 de dezembro de 1942 uma gigantesca passeata de 8 mil mineiros cruzava a planície que conduz ao acampamento de Catavi rumo à sede da empresa. À frente, em uma ingênua esperança de solidariedade dos militares, caminhavam mulheres, velhos e crianças. O Exército preparara estrategicamente diversas peças de metralhadora para enfrentar os mineiros. Assim, quando a enorme massa popular alcançou a mira das armas, uma pesada fuzilaria massacrou sem trégua centenas de mineiros e seus familiares desarmados, com tanta coragem e eficiência do Exército boliviano como nenhuma batalha na Guerra do Chaco jamais motivara. Era o domingo sangrento da Revolução Boliviana.

As repercussões foram inesperadas para o governo. No Parlamento, sofreu uma bateria de acusações dos partidos de oposição, sem que pudesse se justificar e a base parlamentar de apoio se dividiu. Entre a população chegaram a circular rumores de que milhares de mineiros teriam sido degolados. O PIR foi eleito pelo governo como principal responsável pela tragédia, no entanto o partido negou envolvimento com a mobilização dos mineiros e se descomprometeu, o que repercutiria negativamente em sua imagem de partido operário. Em outros países houve uma campanha de coleta de fundos em solidariedade às famílias dos mortos e aos sobreviventes.

Esse fato praticamente selou a sorte do governo Peñaranda, que ficou celebrizado na história boliviana como um dos responsáveis por uma das maiores carnificinas produzidas contra uma mobilização social pacífica. O massacre de Catavi em 1942 foi a maior demonstração do caráter irreconciliável das diferenças entre, de um lado, a classe operária e a maioria nacional e, de outro, a oligarquia mineira e latifundiária que dirigia o país. Para a década de 1940 o massacre tornou-se tão ou mais importante do que fora a Guerra do Chaco na década anterior. A selvageria do Exército fortaleceu a oposição e criou uma bandeira de sangue para o movimento operário, sobretudo para os mineiros. O MNR, embora limitado ao plano parlamentar e legalista, aproveitou-se do massacre de Catavi para atacar duramente o governo, obtendo projeção nacional e iniciando relações políticas com importantes setores sindicais dos mineiros. O PIR, que controlava grande parte do movimento sindical na época, manteve uma atitude ambígua, por conta da política da Terceira Internacional, orientada a colaborar com todos os governos aliados. O POR encontrou um terreno mais fértil para expandir sua influência política revolucionária e estreitar os primeiros laços políticos com sindicalistas mineiros.

O governo de Gualberto Villarroel

O período histórico que compreende o governo de Gualberto Villarroel (1943-1946) e o chamado Sexênio (1946-1952) foi marcado pela intensificação da crise política e pelo fortalecimento dos partidos e movimentos da pequena burguesia e da classe operária. Essa pequena burguesia urbana era composta, em sua maioria, por funcionários públicos, comerciantes, professores universitários, advogados e profissionais liberais, com uma renda relativamente superior à da grande maioria popular e pouco envolvidos com as reivindicações de caráter coletivo que marcavam os sindicatos operários e camponeses. Nesses anos estruturaram-se os importantes sindicatos mineiros; o POR e o MNR tornaram-se partidos com influência popular. A crise econômica provocada pela Segunda Guerra Mundial enfraquecera as bases econômicas e políticas da burguesia, tornando inviável qualquer tentativa de estabilizar politicamente o país. Tal situação levava a um grau mais avançado a corrosão das instituições de poder. A tentativa restauracionista de Peñaranda fracassara. Os velhos partidos não conseguiram se rearticular. O movimento social revigorava-se ameaçadoramente.

A forma em que se articulou o golpe contra o general Enrique Peñaranda e sua substituição pelo coronel Gualberto Villarroel demonstraram assim que, apesar das mobilizações de massas particularmente após o massacre de Catavi, a luta política ainda se desenvolvia sobretudo nos pequenos círculos conspirativos. Longe das ruas ou de qualquer contato maior com setores sociais mobilizados, o grupo de jovens oficiais nacionalistas da loja militar Radepa[3] e o MNR planejaram todos os detalhes da operação. Do ponto de vista do MNR, que nessa época não ia muito além de um pequeno grupo de intelectuais e políticos da pequena burguesia, avaliava-se que as possibilidades de ascensão ao poder pela via eleitoral eram remotas e mesmo a organização de uma insurreição de massas não fazia parte de seus objetivos políticos. A ação do MNR em direção à tomada do poder deveria sempre trilhar o caminho das conspirações e das articulações de cúpula com camarilhas militares insatisfeitas. Mais que uma coincidência de objetivos imediatos, havia uma identidade programática entre a Radepa e o MNR no exacerbado antimarxismo e na orientação nacionalista autoritária e demagógica, o que explicava a exclusão do PIR das articulações golpistas, apesar dos protestos deste.

O tom patriótico e a menção aos "jovens militares", inimigos da oligarquia, figuraram com destaque em um dos primeiros manifestos da nova junta de governo. Dessa forma, retomavam-se em novo patamar as referências ao nacionalismo de Toro e Busch:

> Seus quatro anos de domínio sobre o país (de Peñaranda) constituem a justificativa histórica da revolução. O povo e os homens jovens do Exército da Bolívia, levados à rebelião pelo descalabro do regime caído, pela ilegalidade constante de seus atos, pelo criminoso engano que ele tem feito da fé pública, pela dissipação dos fundos fiscais e pelo completo abandono em que tem deixado os interesses bolivianos ... tomaram as armas vingadoras com a qual a Bolívia, condenada até hoje à dominação oligárquica, salva uma vez mais sua Constituição, suas liberdades e seu destino ... A Bolívia recobra hoje, mediante as armas, o espírito patriótico de todos os seus filhos, a condi-

---

[3] A Radepa foi organizada por jovens oficiais nos campos de prisioneiros do Paraguai, durante a Guerra do Chaco. O coronel Gualberto Villarroel, líder do grupo, havia participado da guerra como membro do Estado-Maior.

ção de estado livre e soberano e, como tal, proclama perante o mundo sua fé sincera e permanente nos ideais democráticos, em plena e absoluta solidariedade com os interesses americanos ...
(*Manifesto da Junta Militar*, 21.12.1943, assinado por Gualberto Villarroel e Paz Estenssoro)

A tranquilidade aparente com que o novo governo tomou o poder desapareceu rapidamente. A pressão do imperialismo estadunidense foi a primeira grande barreira às vagas pretensões reformistas e nacionalistas do novo grupo no poder. Em 1944 o Eixo perdia a guerra e o governo dos Estados Unidos, identificando o novo governo boliviano como simpático à Alemanha, não o reconheceu, acusando vários jovens militares e políticos do MNR de partidários do fascismo. Só seis meses depois, em 2 de junho de 1944, os Estados Unidos reconheceram o novo governo, depois da longa série de manobras e recuos de Villarroel.

No começo de 1945, depois de resolvido o problema do reconhecimento do governo, o MNR voltou aos cargos ministeriais e passou a controlar postos-chave, como o Ministério das Finanças dirigido por Victor Paz Estenssoro. O governo passou a implantar medidas de contenção de gastos e controle da economia que desagradaram setores importantes do país. Em 3 de abril desse ano, um decreto elevou a porcentagem da venda obrigatória ao governo de divisas provenientes da mineração – de 42 para 60%. Outras matérias-primas de exportação também tiveram seus impostos aumentados. Pequenos mineradores foram obrigados a centralizar a produção no Banco Mineiro. No final de 1945 foi decretado aumento salarial aos mineiros e pagamento de uma gratificação natalina. Essas medidas, apesar de limitadas, despertaram a fúria dos empresários ligados à exploração de minérios. O tímido controle dos impostos pagos pelas grandes mineradoras e as pequenas reformas sociais iniciadas por Villarroel tentavam criar maior margem de manobra, com uma ampliação das bases de apoio ao governo, para a recomposição do aparelho de Estado.

As características bonapartistas do governo Villarroel ganhavam maior evidência no empenho levado a cabo para constituir a Federação Sindical dos Trabalhadores Mineiros Bolivianos (FSTMB) e realizar o primeiro congresso nacional indígena. Para resistir, mesmo que limitadamente, às pressões do imperialismo sobretudo estadunidense e dos setores da burguesia, foi necessário arregimentar apoio de outras classes sociais, ainda que essas iniciativas não relaxassem o quadro policial-militar do regime. Dessa forma, Villarroel procurou construir uma base de apoio social que, ao mesmo tempo que canalizava as mobilizações de massa, permitisse a ele prescindir de parte da base de apoio burguesa. A face reformista do governo convivia lado a lado com a repressão policial brutal e intensa contra os adversários, sintomas da própria instabilidade política que marcava a situação nacional.

O emprego da violência contra adversários políticos acabou por desgastar bastante o regime e ajudou a galvanizar ampla coalizão oposicionista, embora com poucos pontos em comum. Em 24 de maio de 1944 foi constituída a Unión Democrática Boliviana (UDB), formada pelo Partido Republicano Socialista, Partido Genuíno, Partido Socialista e pelo Partido da Esquerda Revolucionária (PIR). Essa União deu origem posteriormente à Frente Democrática Antifascista (FDA), muito mais ampla e liderada pelas frações da burguesia mais conservadora e reacionária. Essa organização recebeu o apoio dos chamados Comitês Tripartites, compostos por estudantes, professores, operários e sindicatos, influenciados e organizados pelo PIR, dirigido por stalinistas, o que lhe deu uma base de massa organizada. Os importantes sindicatos dos mineiros, influenciados agora pelo POR, agiram de forma independente e não integraram a coalizão.

O POR buscou desenvolver uma posição independente para o proletariado mineiro, que procurava guardar distância em relação tanto ao governo do MNR quanto à Frente Antifascista composta pelo PIR. Por seu lado, a Frente Antifascista integrada pelos stalinistas acusava o POR de se dobrar ao "fascismo" e trair os interesses da classe operária, chamando-o de "nazitrotskista". Para o PIR não se tratava de acirrar a luta de classes, mas de construir a "união nacional" contra o fascismo, identificado na Bolívia com o MNR. Assim, seria necessária a unidade de todas as classes, incluindo os setores mais reacionários da burguesia, para derrotar o governo Villarroel-MNR.

A tática era comum a todos os partidos comunistas ligados a Stalin e sacrificava a independência política muitas vezes duramente conquistada pelo movimento operário aos objetivos e às manobras diplomáticas da União Soviética. Os trotskistas bolivianos, no entanto, gozavam de privilegiada posição para desafiar tanto a tática do PIR quanto a do MNR, mantendo dura e persistente crítica a todas as estratégias políticas que implicassem a subordinação da classe operária a outras classes sociais e reafirmando ser esta a única classe social capaz de liderar um futuro processo revolucionário no país. O programa político do POR permitiu-lhe conquistar importante influência no movimento sindical durante a vigência do governo Villarroel, o que manteve os sindicatos à distância de seus adversários nacionalistas e stalinistas.

Em junho de 1946 foi deflagrada uma greve de professores dirigida pelo PIR que ajudou na mobilização de outras categorias. Em 14 de julho um protesto popular em La Paz transformou-se em insurreição. A Federação dos Bancários, dirigida por militantes do POR, decretou greve geral em 18 de julho. O governo, dividido e enfraquecido pela saída do MNR dias antes, não conseguiu controlar a situação. O palácio presidencial foi invadido, Villarroel, morto e seu corpo, depois de jogado da sacada do Palácio, foi queimado na praça Murillo e pendurado em um poste com outras autoridades enforcadas pela multidão. Os dirigentes do MNR refugiaram-se em embaixadas de La Paz.

O PIR, que participou ativamente da insurreição, logo em seguida tomou a iniciativa de compor, com os partidos tradicionais (a Concordância) reunidos na Frente Antifascista, um novo governo. O movimento que derrubou Villarroel representava uma singular aliança dos setores sindicais dirigidos pelos stalinistas com a oligarquia derrotada pelo golpe de 1943. Quase simultaneamente em diversos países latino-americanos, os partidos comunistas construíam "alianças nacionais" que tinham como principal resultado atar as mãos da classe operária e retardar seu desenvolvimento político independente. O PIR ajudou a combater o fortalecimento independente do movimento da classe operária e seu compromisso com os setores mais conservadores provocou um crescente desgaste e a perda de influência política entre os trabalhadores, o que explica em grande parte o lugar ocupado pela esquerda trotskista na Bolívia.

O movimento camponês

As mudanças que ocorriam no interior da sociedade boliviana depois da Guerra do Chaco vinham se dando prioritariamente entre os setores urbanos do operariado e da pequena burguesia. No entanto, a grande maioria da população que vivia no campo, até então pouco influenciada por esse processo, começou a ter crescente participação política e econômica. Esse fenômeno se explica em parte pela maior integração que se verificava entre a economia nacional e o mercado mundial, o que conduzia a uma retomada da pressão sobre as comunidades indígenas, parcialmente interrompida pela Guerra do Chaco e pela maior concentração da propriedade.

Desde a independência boliviana em 1825 até 1950, o número de comunidades indígenas decresceu de aproximadamente 11 mil para 3.799, enquanto o número de famílias sem nenhum tipo de propriedade, individual ou coletiva, já era muito superior ao de camponeses comunitários. Apenas 615 propriedades detinham nesse ano cerca de 50% das áreas de cultivo, enquanto 51.198 pequenas propriedades (60% do total) ficavam com apenas 0,22% das áreas de cultivo. Tais dados mostram uma situação de grandes desigualdades no setor da economia do qual dependia 70% da população ativa do país. A estrutura social mantinha instituições herdadas do período colonial, com os grandes proprietários concentrando todo o poder e autoridade e os camponeses indígenas obrigados a exercer uma série de trabalhos gratuitos.[4]

O passado ancestral de resistência indígena e camponesa nunca fora silenciado. As rebeliões de Tupac Katari e Tupac Amaru durante o século XVIII mantinham seus ecos na história profunda dos povos andinos. O contato mais próximo com o mundo urbano dos brancos e em particular o envolvimento com as lutas operárias deram um novo tom às mobilizações camponesas e indígenas. A década de 1940 vê uma intensificação das trocas de experiências de lutas sociais entre os componentes explorados do campo e da cidade. Os primeiros sindicatos camponeses buscavam reproduzir estruturas urbanas de organização dos trabalhadores. No entanto, terminaram por mesclar elementos da comunidade indígena andina, dos *ayllus*,[5] potencializando muitas vezes a capacidade de ação das mobilizações camponesas indígenas.

A estratégia do governo Villarroel-MNR de buscar apoio em outros setores sociais para sustentar o regime o levou, pela primeira vez na história do país, a tomar iniciativas políticas dirigidas à maioria da população, praticamente ausente da política institucional. Mudanças na legislação foram combinadas com uma tentativa de organizar politicamente os camponeses. Em 10 de maio de 1945 realizou-se em La Paz o 1º Congresso Nacional Indígena, reunindo mais de mil líderes de comunidades entre 5 mil participantes. Villarroel abriu o Congresso com um discurso que anunciava as novas medidas tomadas por seu governo. Ao final dos trabalhos foi criada uma Federação Nacional de Camponeses, liderada pelo índio Francisco Chipana Ramos. O governo, por um decreto publicado no dia de abertura do Congresso, prometeu escolas nas comunidades, a serem

---

[4] Censo Nacional Agropecuário de 1950, citado por DUNKERLEY, James, p.29-30.
[5] Comunidades de parentesco que partilham o poder e diferentes territórios econômicos muitas vezes descontínuos, podendo se integrar em níveis de articulação mais complexos e hierarquizados. (N.E.)

mantidas pelos proprietários, e anunciou a proibição da *pongueaje*, trabalho pessoal obrigatório e gratuito que os índios eram forçados a realizar para seus patrões nas fazendas. Também foram anunciados a obrigatoriedade do pagamento de salários para os trabalhadores agrícolas e o direito dos produtores de vender suas colheitas. A questão da reforma agrária e das relações de propriedade no campo permaneceu, no entanto, intocada.

O I Congresso Indigenista foi uma tentativa por parte do governo Villarroel de instrumentalizar politicamente esse setor social. Suas medidas não visavam a resolver a fundo nenhum grande problema dos camponeses, embora Villarroel acenasse com a possibilidade de medidas legais pontuais e progressistas que reverteriam as práticas seculares de exploração do índio camponês. Os decretos e as medidas anunciadas pelo governo foram, contudo, praticamente ignorados. A implantação dessas medidas dependeria essencialmente da ação dos camponeses pobres em aliança com a classe operária organizada.

O SINDICALISMO MINEIRO

Apesar do avanço do movimento sindical na década de 1930 e do surgimento da CSTB em 1936, os sindicatos mineiros tinham dado poucos passos nos primeiros anos da década de 1940. A iniciativa mais importante até então fora, em 1939, a realização em Oruro do 1º Congresso dos Trabalhadores da Indústria Mineira, com apoio da CSTB. No entanto, as lutas internas entre partidários do PIR e do PSOB acabaram dispersando esse primeiro esforço para construir uma organização nacional da categoria. A consolidação do movimento sindical do proletariado mineiro boliviano foi uma consequência do massacre de Catavi em 1942. Este significou uma aceleração na trajetória de radicalização e organização política da classe operária.

O ritmo intenso de trabalho nas minas durante o período da Segunda Guerra Mundial, como já mencionamos, elevou a níveis insuportáveis a exploração dos trabalhadores mineiros e a deterioração de suas condições de vida. Em 1945 a produção boliviana de estanho chegou a cobrir 42,87% da produção mundial. Entretanto, os preços subsidiados provocaram perdas de divisas estimadas em US$ 500 milhões (Virreira, 1979, p.141-5). As empresas tentaram repassar essas perdas para os empregados, procurando cortar despesas com vistas a reduzir os custos de produção. Em 1943 menos de 3% dos empregados da Patiño Mines recebiam mais de um dólar por dia. Apesar de os trabalhadores viverem em regiões isoladas e inóspitas, onde em geral se localizavam os acampamentos, e na total dependência da empresa para alimentação e moradia, em Catavi, por exemplo, apenas à metade dos operários com famílias a empresa cedia casa para moradia. Muitos operários moravam em minas abandonadas, em condições absolutamente subumanas.

As condições de trabalho e de saúde eram igualmente difíceis. As empresas não respeitavam os mínimos requisitos de segurança, obrigando muitas vezes ao trabalho de extração realizado com água pela cintura, sem uso de máscaras protetoras, o que provocava altos índices de contaminação e acidentes. Uma comissão do governo dos Estados Unidos que visitou as minas em 1943 constatou que o consumo alimentar entre os mineiros era baixíssimo, sendo essa uma das principais causas de problemas de saúde (Dunkerley, 1987, p.25-6). Em 1945 um médico de Oruro fez um estudo sobre as condições de vida desses trabalhadores e constatou que em mineiros com apenas 4,5 anos de trabalho no subsolo já eram muito frequentes os casos de tuberculose. Um estudo de 1948 nas minas da região de Catavi verificou que o índice de infecção por tuberculose atingia 97,84% dos trabalhadores e a empresa não atendia minimamente às necessidades médicas dos afetados pela doença. As péssimas condições de vida, aliadas ao isolamento geográfico e aos laços de solidariedade que se estabeleceram entre os mineiros, se somaram ao papel estratégico da mineração na economia boliviana, para dar a base do radicalismo e da influência militante de seus sindicatos.

O governo Villarroel-MNR tentou tomar iniciativas para controlar o sindicalismo mineiro que despertava. Implementou uma série de modificações na legislação trabalhista e, ao mesmo tempo, envolveu o aparato estatal na organização prática de uma Federação Nacional dos Mineiros. As principais modificações na legislação foram: a Lei de 7 de fevereiro de 1944, que garantia o emprego dos trabalhadores eleitos para cargos sindicais, estabelecendo que esses só poderiam ser demitidos por processo prévio; decretos que garantiam desconto dos salários para os sindicatos; instituição do Dia do Trabalhador Mineiro Boliviano em 21 de dezembro, em homenagem ao massacre de Catavi em 1942; regulamentação do pagamento de gratificação natalina; e medidas de proteção aos demitidos.

O congresso de fundação da Federação Sindical dos Trabalhadores Mineiros Bolivianos (FSTMB) realizou-se entre os dias 3 e 5 de junho de 1944 na cidade de Huanuni. Os trabalhos foram controlados pelo governo, mas contaram com importante colaboração prévia de mineiros independentes. Na abertura estavam presentes o ministro do Trabalho e o presidente Gualberto Villarroel, dando um caráter oficial ao evento. As principais resoluções aprovadas diziam respeito à fundação da FSTMB, a campanhas pela implantação do contrato coletivo já previsto no Código de Trabalho, salário mínimo e preços de alimentação uniformes em todos os distritos mineiros, seguro de invalidez e velhice e jornada de oito horas de trabalho. Emilio Carvajal foi escolhido como secretário-geral e Juan Lechín, como secretário-executivo, os quais, como a maioria dos dirigentes eleitos, eram simpatizantes ou militantes do MNR. Juan Lechín tornou-se uma figura destacada da história boliviana. Em poucos anos ascendeu meteoricamente a principal dirigente sindical da FSTMB. Os primeiros tempos de atuação da FSTMB deram-se sob estreita colaboração com o Ministério do Trabalho. A Federação passaria rapidamente a desempenhar um importante papel político, concorrendo diretamente com a CSTB. Em pouco tempo, a FSTMB contaria com mais de 60 mil filiados, tornando-se a maior entidade sindical do país.

Desde o início de 1946 mobilizações e greves agitavam os grandes centros mineiros, o governo Villarroel desmoronava e os militantes trotskistas do POR aumentavam sua influência.

Durante o 3º Congresso da Federação dos Mineiros, realizado entre 16 e 22 de março de 1946, a nova situação política se fez sentir. O discurso de abertura proferido por Juan Lechín teve o objetivo de demarcar politicamente as diferenças com relação ao nacionalismo e ao stalinismo. Seu impacto foi grande, como destacou o jornal , ligado aos setores mais conservadores do país, que assim o descreveu:

> Lechín, nas partes mais relevantes de seu discurso, manifestou, primeiro, a necessidade de se abandonar o colaboracionismo classista, porque o proletariado e a burguesia são duas classes em luta irreconciliável; segundo, a necessidade de se forjar um granítico bloco operário que lute contra a burguesia; terceiro, lutar denodadamente para obter melhores condições de vida. (19.03.1946)

Guillermo Lora, militante do POR, falou em nome da Federación de los Obreros Desocupados, atacando a propriedade privada e o imperialismo e defendendo a necessidade de uma frente única proletária. O significativo do discurso de Lechín e da participação de Lora foi a receptividade positiva que encontraram, a qual demonstrou que a base do governo na categoria mineira começava a se deslocar. A ação política dos trotskistas foi decisiva para afastar os trabalhadores das minas da influência governamental do MNR e dar um lugar independente aos sindicatos.

A FSTMB aprovou uma ação independente tanto da CSTB, dirigida pelo pirista Flores Gironda, por esta estar ligada à Frente Democrático Antifascista (FDA), quanto da Confederación de los Trabajadores, gestada a partir de Roberto Hinoja da Radepa e do governo Villarroel. As resoluções refletiam a influência que tivera o POR em seus trabalhos, tendo sido aprovado um plano de reivindicações que diferia do caráter diplomático dos dois primeiros congressos: escala móvel de salários e de horas de trabalho, contrato coletivo, controle operário das empresas capitalistas, independência sindical, formação de fundos de greve, formação de grupos armados de defesa e de uma Frente Única Operária.

Apesar de sua hegemonia no movimento operário, o PIR começava seu rápido e fulminante eclipse, sendo em poucos anos varrido dos sindicatos. O PSOB de Tristan Marof, também detentor de importante influência no interior da CSTB, desapareceria nos anos seguintes. A proposta corporativista de sindicalismo do governo Villarroel, longe de conseguir conter o impulso vindo principalmente dos mineiros, abriu espaço para o surgimento mais rápido de um sindicalismo politizado e radical. A Federação dos Mineiros emancipava-se do controle oficial.

A opressão nacional sofrida pela Bolívia durante os anos da Segunda Guerra Mundial foi brutal e sentida com particular intensidade pelos mineiros. No entanto, ao contrário do que projetava o POR, não bastava contrapor propostas socialistas ao nacionalismo emenerrista para exercer influência entre os operários mineiros e dirigi-los como vanguarda. O jovem proletariado boliviano sofria as doenças de sua juventude e inexperiência, estando aí incluído igualmente o jovem e ativo núcleo de militantes trotskistas. Os mineiros ainda mantinham laços profundos com o mundo rural, eram em grande parte pouco politizados, sensíveis à ação de líderes paternalistas e ainda pouco confiantes em seu papel como classe independente. O POR esforçava-se para fazer avançar a consciência de classe dos mineiros e afastá-los da influência do MNR. Nesse esforço conseguiu influenciar uma vanguarda importante, mas com um discurso muitas vezes sectário o suficiente para favorecer a apropriação, pelo MNR, das reivindicações democráticas e nacionalistas que atraíam as amplas camadas oprimidas do país.

O Sexênio (1946-1952) e o aprofundamento da crise social

A destruição da máquina de guerra nazista provocou um reavivamento da mobilização popular em muitos países e fortaleceu os movimentos de emancipação nacional, democráticos e socialistas. Revoluções e sublevações operárias e nacionais ocuparam a cena política. Na América Latina, os Estados Unidos, logo após 1945, iniciaram uma série de contatos buscando rearticular o continente sob sua liderança e conter a vaga revolucionária. A Conferência do Rio de Janeiro em 1947 e depois a fundação da Organização dos Estados Americanos (OEA) no ano seguinte começaram a fixar os marcos dessa ação. Apesar de toda a disposição dos partidos comunistas do continente em colaborar, esses encontros se pronunciaram decididamente contra a "conspiração comunista internacional" que estaria ameaçando a região. A crescente fragilização de Villarroel inseria-se nesse quadro continental que já derrubara Getúlio Vargas no Brasil em 1945, motivara um golpe de Estado e o início da ditadura Odria no Peru, em 1948, e instalara na Venezuela uma Junta Militar. Na Bolívia, a aliança do PIR com os partidos conservadores foi um poderoso auxiliar para que os Estados Unidos tivessem no país um governo sob seu completo controle.

Os anos de 1946 a 1952 são marcos de um período da vida política boliviana que deve ser inserido nesse momento internacional tenso e instável, de reorganização e redefinição da arena política internacional. As instituições emanadas dos acordos de Breton-Woods estavam se estruturando. As tensões da Guerra Fria começavam a se delinear sob o acordo das duas superpotências (União Soviética e Estados Unidos) em sufocar a onda revolucionária do pós-guerra. A Revolução Chinesa, a Guerra da Coreia e a própria Revolução Boliviana de 1952 são acontecimentos marcados por essa nova conjuntura.

Para a fração da burguesia boliviana que retomava plenamente o controle do aparato estatal com a queda de Villarroel, a situação era igualmente tensa e instável. As possibilidades de resolução dos conflitos políticos e sociais nos marcos institucionais eram limitadas pela pouca margem para ações não autoritárias. As eleições desse período não impediram a continuidade em graus cada vez maiores da repressão contra os setores de oposição. A instabilidade política e institucional aprofundou-se em grande parte por conta de um movimento de massas impulsionado pela classe operária, agora mais organizada e politizada. As teses de Pulacayo, aprovadas no último congresso dos mineiros, no final de 1946, constituíram marcos desse momento.

As teses de Pulacayo

Por iniciativa do POR, a FSTMB convocou em caráter extraordinário um novo congresso em novembro de 1946 na mina de Pulacayo. Desde meados de 1946 a militância dos "poristas" conquistara politicamente a direção do grande sindicato mineiro de Siglo XX. Foi a delegação desse sindicato que apresentou na abertura do congresso, em 8 de novembro, o documento-base dos trabalhos, redigido pelo POR e ratificado pelos mineiros de Siglo XX. O 4º Congresso dos Mineiros terminou por aprovar por unanimidade essas propostas, que passariam agora a ser conhecidas como Teses de Pulacayo; na prática, um programa político para a Federação dos Mineiros que propunha uma estratégia de ação revolucionária em que a independência nacional e a conquista da democracia deveriam ser assumidas como parte do caminho para a revolução socialista:

> Os países atrasados movem-se sob o signo da pressão imperialista, seu desenvolvimento tem um caráter combinado: reúnem ao mesmo tempo as formas econômicas mais primitivas e a última palavra da técnica e da civilização capitalista. O proletariado dos países atrasados está obrigado a combinar a luta pelas tarefas democrático-burguesas com a luta pelas reivindicações socialistas. Ambas as etapas – a democrática e a socialista – não estão separadas na luta por etapas históricas, senão surgem imediatamente uma da outra, *Tesis de Pulacayo – Tesis Central de la FSTMB*, novembro de 1946)

As Teses de Pulacayo representaram a consolidação de importantes reivindicações que refletiam a síntese da experiência acumulada até então pelos mineiros. Denunciavam o "colaboracionismo" do movimento sindical com os capitalistas, como uma barreira a seu fortalecimento, e destacavam a necessidade de mobilização contra o imperialismo e o fascismo. Entre outros pontos, defendiam a necessidade de os trabalhadores lutarem pelo controle operário das minas, pela formação de milícias armadas para enfrentar a burguesia, por semana de 40 horas de trabalho e escala móvel de salários, contrato coletivo, independência sindical, criação de fundos de greve e fim dos trabalhos por contrato. Outra importante proposta aprovada previa a criação de uma nova Central Operária para fazer frente à CSTB.

O conjunto das resoluções estabeleceu os marcos de ação futura do sindicalismo boliviano, radicalizado e politizado. Porém, a aparente fortaleza política representada pelas teses continha possibilidades fragilizadoras para o movimento operário. O sindicalismo revolucionário, embora majoritário entre os mineiros, teve dificuldades para consolidar-se e envolver camadas de trabalhadores mais despolitizadas ou reformistas. As tonalidades anarquistas poderiam limitar a possibilidade de expansão e de influência de agrupamentos político-partidários como o POR para além das fronteiras claramente operárias.

A queda de Hertzog e a crise
terminal do regime

A aliança política que derrubara Villarroel era extremamente frágil, dividida entre diferentes frações da burguesia, além do PIR e do PSOB. Nas eleições programadas para legitimar o golpe de 1946 – em 3 de janeiro de 1947 –, a coalizão governamental apareceu cindida e o candidato presidencial Enrique Hertzog do Partido de la Unión Republicana Socialista (PURS) venceu com apenas 44.700 votos de um total de 105 mil eleitores, que constituíam praticamente a elite política do país. Para se ter uma ideia da desproporção política na sociedade boliviana, somando-se apenas os ferroviários, os mineiros e os operários de fábricas sindicalizados, ultrapassava-se os 100 mil trabalhadores. Um fato ainda mais marcante nesse pleito foi a eleição de dez dirigentes mineiros ao Parlamento pelo Bloco Mineiro-Parlamentar formado pela FSTMB e pelo POR. Esses números demonstraram a base social extremamente restrita na qual procurava se basear o novo governo.

Uma das principais características do governo de Enrique Hertzog foi sua incapacidade para consolidar uma autoridade política para a burguesia do país. Essa instabilidade decorria das pressões crescentes do movimento de massas, de um lado, e do imperialismo estadunidense, de outro. Inicialmente, esse governo tentou desenvolver uma política que reeditasse, sob outra forma, as características bonapartistas[6] da administração Villarroel. A troca de governos de fato não trouxe mudanças nas características do regime. O bonapartismo como traço comum permaneceu. Uma ditadura de feição policial-militar explorava contradições com o imperialismo e mantinha relações amistosas com setores do movimento operário e popular, em sua maioria influenciados pelos stalinistas. Assim, Hertzog tratou de criar mecanismos de cooptação do movimento sindical, procurando preservar minimamente mecanismos institucionais de resolução dos conflitos sociais e dar um respaldo democratizante a seu governo. Isso explica em grande parte por que o PIR e o PSOB, partidos que possuíam controle sobre a CSTB, foram permitidos na nova coalizão governamental. Explica também por que a Federação dos Mineiros e o POR puderam agir e participar com tanta desenvoltura no pleito de janeiro de 1947, elegendo parlamentares. A incorporação do PIR

---

[6] Termo originariamente elaborado por Marx para designar o regime político de Napoleão III na França. Aqui designa especificamente regimes de exceção da burguesia nos países de capitalismo atrasado, que buscam se colocar de forma autoritária acima da luta de classes, equilibrando-se de modo provisório entre as pressões do imperialismo e dos movimentos nacionais de massas, para permitir a rearticulação da hegemonia burguesa.

ao governo por meio do Ministério do Trabalho correspondia a uma tentativa de construir um anteparo às mobilizações operárias e conter a influência crescente do POR e do MNR. Tristan Marof, do PSOB, também prestou auxílio ao governo como secretário do gabinete Hertzog. No entanto, rapidamente surgiram fatores de conflito que desarticularam a estratégia do governo Hertzog. A crise econômica reapareceu com profundidade em 1947, aumentando o desemprego, a inflação e a agitação social. Com isso, o PIR apareceria nos anos seguintes à frente dos principais ataques aos trabalhadores bolivianos e, longe de propiciar contenção e apaziguamento social, permitiria que o POR e o MNR consolidassem forte base entre a classe operária.

A situação agravou-se em virtude mais uma vez da situação internacional. A desestabilização dos preços internacionais do estanho influiu na situação interna. As empresas mineradoras tentavam jogar seus prejuízos novamente nas costas dos mineiros, introduzindo uma série de modificações nas formas de pagamento dos salários. Os enfrentamentos sociais não tardaram e, no fim de janeiro de 1947, ocorreu grande greve de mineiros em Potosí contra essas mudanças. O governo respondeu prendendo dirigentes e enviando tropas militares que promoveram mais um novo assassinato em massa de mineiros.

A atividade do Bloco Mineiro-Parlamentar tornou-se um dos principais focos de instabilidade do governo Hertzog, exatamente por sua capacidade de combinar polêmica parlamentar com ação ligada ao movimento social de massas. Em sua mensagem ao Congresso no início de 1948, o presidente destacava que a liberdade de associação estava sendo utilizada para a realização de atividades conspirativas contra seu governo e os representantes ligados aos sindicatos se utilizavam de sua imunidade parlamentar e para um trabalho claramente subversivo. O estado de sítio que imperava no país, mesmo prorrogado em 27 de janeiro de 1948, era por isso insuficiente e ineficaz. Hertzog pedia poderes extraordinários para combater o que ele chamava de "inimigos da democracia" (*Mensaje ao Congreso Ordinario de 1948*, Enrique Hertzog).

Contudo, o êxito da repressão governamental revelou-se extremamente limitado e, ao contrário do que analisava o governo, a agitação social dos partidos de oposição expressava uma profunda fissura na sociedade boliviana. Durante as eleições de maio de 1949, o MNR obteve importantes resultados nas principais cidades, surgindo como o segundo partido do país. A impotência do governo para controlar a situação ficou patente em meio à espiral crescente de agitação social. Hertzog repentinamente afastou-se de suas responsabilidades, alegando problemas de saúde. Esse afastamento forçado significou um claro endurecimento do regime, que procurou se afinar melhor com as diretivas de Washington. As pressões dos setores conservadores, que viram a necessidade de uma ação repressiva direta contra o movimento social em ascensão, estiveram na origem da renúncia do presidente em 7 de maio de 1949. Os grandes mineradores Aramayo e Hothschild haviam financiado a campanha de Hertzog com a esperança de realizar uma verdadeira revanche no país. No entanto, acabaram por condenar o "formalismo" presidencial na aplicação da legislação de controle da mineração e a recusa de Hertzog a converter as minas em acampamentos militares para perseguição dos dirigentes sindicais. A queda de Hertzog foi um verdadeiro golpe de Estado ligado diretamente aos interesses da mineração impaciente (Almaraz Paz, 1967, p.113-6).

O PIR, desgastado no movimento sindical e então de pouca utilidade para o governo, foi igualmente descartado da nova coligação governamental. O vice-presidente Mamerto Urriolagoitia assumiu o mandato. Representava o esgotamento da fase bonapartista do Sexênio e sua substituição por uma ditadura policial-militar sem feições demagógicas. A ação independente da classe operária alimentada pelo POR superara as tentativas iniciais de cooptação do governo. A tênue fachada democrática e institucional que sustentara até então o regime desapareceu sob a ação militar direta contra os conflitos sociais. Em maio de

1949, depois de uma grande greve em Catavi-Siglo XX, o governo decidiu prender os dirigentes e os parlamentares operários e responder à bala aos protestos. Esse incidente ficaria conhecido como o Massacre de Siglo XX e acrescentaria mais uma lista de operários assassinados e um novo símbolo de agitação política contra a burguesia boliviana.

Na origem da crise de poder da burguesia estava a produção mundial do estanho no pós-guerra, que mantinha as bases materiais do Estado e da própria burguesia instáveis, inseguras. A queda dos preços do estanho acarretou grave crise fiscal ao governo, que se refletiu no rápido aumento de preços no mercado interno. A crise interna reacendia a cada momento os movimentos populares e sindicais. A repressão selvagem provocou um nítido recuo do movimento operário ligado à FSTMB, como assinalara o POR, a partir de 1948, porém era incapaz de garantir duradoura estabilidade. As fissuras do velho Estado oligárquico tornaram-se cada vez maiores. O POR no movimento sindical e o MNR entre a pequena burguesia urbana tornavam-se partidos com influência de massas. O PIR e o PSOB, até então hegemônicos no movimento sindical, começam a recuar depois de terem-se aliado ao governo Hertzog.

Em 26 de agosto de 1949 uma conspiração foi organizada pelo MNR e em pouco tempo capitais de vários departamentos do país, como Cochabamba, Oruro e Santa Cruz, e os acampamentos mineiros caíram em mãos dos revoltosos. No entanto, La Paz permaneceu sob controle do governo, que daí conseguiu sufocar brutalmente o movimento. O POR e o MNR tornam-se os alvos centrais de perseguição governamental. O governo acusa os dois partidos de desenvolver, do exterior, uma incitação política extremista e violenta. A novidade desse novo movimento é que ele foi organizado principalmente por civis e contou com o apoio dos mineiros. Até então as tentativas de golpes e sublevações contavam com a participação quase exclusiva de militares e elites políticas da pequena burguesia. Apesar do nítido avanço político e da influência que o MNR conquistava no movimento de massas, sua tática política continuava sendo basicamente golpista e conspiratória, privilegiando articulações com grupos militares, em detrimento da mobilização de massas.

A crescente agitação fez o governo decretar estado de emergência em 15 de março de 1950 e se refletiu na mensagem presidencial, que atestava o grau de instabilidade vivido pelo país:

> Na verdade, desde 21 de julho de 1946, parece que não se encerrou o período revolucionário em que vive o país. Demonstra-o a interminável série de complôs e conspirações e a guerra civil planejada para destruir o regime democrático e repor no governo os que foram derrotados em 1946 ... (Urriolagoitia, *Mensajen al Congreso Nacional*, 1950, La Paz.)

Quando o governo tentou proibir as comemorações do 1º de Maio de 1950, desencadeou-se uma greve geral no país organizada por um comitê dirigente composto por membros do POR, do MNR, do PIR e do recém-fundado PCB. A reação governamental foi extremamente violenta, com prisões de oposicionistas e mobilizações de tropas militares. Em La Paz os trabalhadores organizaram uma feroz resistência armada concentrada no bairro operário de Villa Victoria. O governo teve de utilizar armamento pesado e bombardeios aéreos para esmagar os revoltosos, com saldo de numerosos mortos. A escalada de violência atingia níveis extremos. A convocação de eleições em 1951 foi um claro sintoma do desgaste inevitável e do recuo do governo Urriolagoitia.

2. A REVOLUÇÃO DE 1952

ANTECEDENTES IMEDIATOS: AS ELEIÇÕES DE 1951

A pesada repressão à greve geral de 1950 não impediu que os partidos de oposição continuassem em atividade e ganhassem adesões entre as camadas populares nas cidades e no campo. Mamerto Urriolagoitia, ao marcar eleições para 14 de maio de 1951, admitia o esgotamento político de seu governo e propunha uma frente eleitoral para disputar as eleições entre o PURS (seu partido) e o Partido Liberal. Buscando apoio às vésperas do pleito, concedeu aumento salarial de 32% para os mineiros, despertando a fúria dos grandes mineradores, que o desafiaram não acatando a decisão e o enfraqueceram.

As eleições, como sempre, aferiram o posicionamento político de parcela extremamente limitada da população. Seus resultados demonstraram o avançado grau de corrosão do regime, mesmo entre os extratos médios e superiores da sociedade boliviana. Apesar do eleitorado estreito de pouco mais de 105 mil votantes em um universo preestabelecido de 211 mil eleitores em 1951 e uma população que superava os 3 milhões de habitantes, o MNR, com seu candidato a presidente Victor Paz Estenssoro, conseguiu 54.049 votos contra 39.940 do PURS, 6.441 do Partido Liberal e 5.170 do PIR. Os grandes centros urbanos, como La Paz, Cochabamba, Oruro e Potosí, deram expressiva vitória ao MNR.

O POR participou das eleições de 1951 defendendo a posição do voto nulo. Essa posição procurava demonstrar o caráter limitado e deformado do processo eleitoral em curso, mas, de certa forma, permitiu que o MNR capitalizasse o descontentamento que crescia nos centros urbanos do país. Se, de um lado, era necessário se posicionar contra o sistema político e as instituições que o sustentavam, de outro, era preciso estabelecer um diálogo com os setores sociais que se faziam ouvir nos processos eleitorais e com as amplas camadas fora do sistema político, oferecendo-lhes uma perspectiva política. A posição de voto nulo do POR era apenas parte dessa resposta.

O fato de o MNR não ter obtido maioria absoluta dos votos colocava, segundo a legislação eleitoral, a decisão final nas mãos dos parlamentares. A elite dominante, porém, não aceitou o risco de expor novamente suas fragilidades. Assim, Urriolagoitia foi afastado e o governo foi entregue a uma Junta Militar dirigida pelo general Hugo Ballivián, o que golpeava o resultado eleitoral. Imediatamente, o MNR, o POR e outros partidos oposicionistas foram postos na ilegalidade. Segundo a Junta Militar, tratava-se de defender a democracia contra os comunistas. Os resultados eleitorais revelavam uma nítida fratura no seio das elites políticas. Até então as eleições asseguravam por ampla vantagem a hegemonia das forças políticas tradicionais. Naquele momento, porém, as votações do MNR e do PIR superaram juntas as votações do PURS e outros partidos tradicionais. A via legalista pela qual a burguesia procurava reconstruir sua legitimidade política fracassara. O sistema político exigia reformas para assegurar a continuidade da velha ordem dos grandes mineradores e proprietários de terras. No entanto, essa via teria de passar por concessões às amplas massas populares sob a forma de mais direitos políticos e melhores condições de vida, as quais a elite boliviana não estava disposta a aceitar. O golpe foi uma cartada arriscada para frear o processo revolucionário que se desenvolvia, ao mesmo tempo que colocava em questão o conjunto das já frágeis instituições do Estado.

O estreitamento da base de sustentação política da burguesia foi agravado pela difícil situação econômica do país. Desde 1950 o governo retomara o pagamento da dívida externa. Em 1951, os Estados Unidos, que vinham acumulando reservas minerais de estanho por conta da Guerra da Coreia, decidiram, ao final dessa, interromper a estocagem, provocando rápida queda nos preços internacionais do minério. A Bolívia foi diretamente atingida e o governo da Junta Militar teve de se colocar à frente de difíceis negociações. As conversações com os Estados Unidos transformaram-se rapidamente no debate nacional mais importante, sendo acompanhadas por grande parte da população boliviana. A Junta Militar não conseguiu evitar grande diminuição de preços do estanho, o que enfraqueceu ainda mais seu prestígio e apoio internos.

No final de 1951 o POR, procurando retomar a iniciativa contra o governo, propôs a constituição de uma ampla frente oposicionista para defender reivindicações antiimperialistas nacionais e democráticas como forma de mobilizar o conjunto da população e não apenas os setores operários. Buscou-se repetir a experiência unitária da greve geral de 1950, a qual reuniu POR, MNR, PIR e PCB. Esse caminho era visto como forma de preparar uma futura insurreição de massas.

Com a oposição recobrando os ataques ao governo, a Junta Militar começou a perder a coesão interna e se dividir. Rumores de golpes, conspirações e articulações no interior do próprio governo multiplicaram-se. O MNR, apesar de estar conquistando ampla simpatia popular, continuava atuando de acordo com um modelo basicamente conspirador e elitista, afastado do envolvimento direto com o movimento sindical e de massas. Desde o final de 1949, pelo menos cinco tentativas conspirativas foram realizadas pelo MNR. Após as eleições de 1951, essas tentativas ganharam maior ímpeto, já que se dispunha agora de um argumento legalista para desenvolver uma campanha oposicionista, em particular com alguns militares membros do governo. O MNR, na perspectiva de chegar ao poder, privilegiava um caminho que explorava as divisões internas da Junta Militar. Nesse sentido, no fim de 1951, iniciaram-se conversações com os generais Humberto Torres Ortiz e Antonio Seleme, membros da Junta. O grupo fascista Falange Socialista Boliviana (FSB) também foi procurado e passou a integrar as conspirações golpistas do MNR (Frontaura Argandoña, 1974, p.254-48). A fórmula em negociação era semelhante àquela que colocara Villarroel e o MNR no poder em 1943. A presidência seria entregue a um militar e a vice-presidência, ao MNR.

As forças políticas da revolução

Os primeiros meses de 1952 pareciam conter apenas o fluxo comum dos acontecimentos políticos que marcavam a história recente da Bolívia. No entanto, embora na superfície as crises políticas e as dificuldades econômicas se desenvolvessem na normalidade das últimas décadas, o profundo e silencioso oceano das grandes massas populares sofrera enormes e radicais transformações nos últimos anos da década de 1940, fenômeno que se passava a distância de boa parte das elites.

Tal situação era certamente consequência de um longo processo de amadurecimento político, duros enfrentamentos e absorção das linhas gerais das teorias revolucionárias que se difundiram após a Guerra do Chaco entre as camadas populares. A aceleração do processo revolucionário esteve vinculada, por outro lado, à participação crescente da classe operária na vida política do país. As Teses de Pulacayo exemplificavam o amadurecimento político do proletariado, ajudando a orientar suas ações e a consolidar, em particular entre os mineiros, uma consciência revolucionária, que se difundiu em diferentes graus para outras camadas populares, o que foi, em parte, consequência dos esforços de propaganda política promovidos pelos partidos de esquerda nos anos anteriores.

Embora as perseguições houvessem, em parte, contido as mobilizações sociais, isso não ajudou a burguesia a recompor sua base de poder. Porque, mesmo se o enfraquecimento do POR e, em menor escala, de outros partidos oposicionistas refreasse momentaneamente a corrosão do aparato estatal, prosseguia o processo de polarização social e política no interior da sociedade boliviana, entre a burguesia, de um lado, e os setores operários e pequeno-burgueses nacionalistas e democráticos, de outro. A concentração e a militarização do regime eram expressão das dificuldades crescentes para manter a hegemonia política burguesa sobre o conjunto do país. O deslocamento e a divisão da sociedade boliviana aprofundavam-se a cada nova medida de repressão.

A burguesia boliviana sobrevivia sobre bases políticas e econômicas extremamente frágeis e estáticas. A situação da economia era uma expressão desse quadro. No campo permanecia uma estrutura muito concentrada e improdutiva, em que 6% dos proprietários controlavam 92% das terras, cultivando apenas 1,5% de sua extensão, enquanto 60% dos proprietários, detentores de apenas 0,2% das terras, produziam, em média, em 54% de suas áreas. O pequeno setor industrial, envelhecido e pouco produtivo, era igualmente limitado, empregando apenas 4% da população economicamente ativa. Mesmo o principal setor da economia, a mineração, carecia de investimentos em equipamentos e novas pesquisas geológicas desde a década de 1930, o que fazia do estanho boliviano o mais caro do mundo em 1950. Essa situação enfraquecia não apenas a burguesia como classe social, mas diretamente seu aparato de dominação estatal. A essa debilidade crescente, em particular após o fim da Segunda Guerra Mundial e primeiros anos da década de 1950, acrescentava-se, por outro, a pressão política e econômica cada vez maior do imperialismo estadunidense, que debilitava as já frágeis estruturas econômicas do país.

O enfraquecimento dos instrumentos institucionais de controle do Estado fez que esse fosse cada vez mais dependente da violência, chocando-se mais intensamente com as aspirações das amplas massas populares. De um lado, a frágil burguesia, à frente de seu Estado e seus partidos políticos esvaziados de credibilidade política e social, perdia a cada dia sua coesão interna. De outro, milhares de mineiros, camponeses em estado de semisservidão, operários urbanos e uma pequena burguesia crescentemente insatisfeita tornavam-se cada vez mais coesos em torno da proposta a cada dia mais presente e palpável de ruptura radical com a situação em que vivia o país.

A plataforma dessa coesão oposicionista baseava-se sinteticamente em dois pontos: democracia (expressa na defesa do reconhecimento dos resultados das eleições de 1951) e defesa da soberania nacional (sintetizada na proposta de nacionalização da mineração). Esse terreno nacionalista e democrático era atravessado por duas orientações políticas distintas: os trotskistas do POR defendiam uma orientação revolucionária com perspectivas socialistas enquanto o MNR propunha medidas reformistas nacionalistas nos marcos do capitalismo. Embora com objetivos estratégicos claramente diferenciados, tanto o PIR e o PCB quanto o MNR tinham uma compreensão comum da necessidade de se estabelecer um regime político e econômico no país que desenvolvesse as potencialidades da economia capitalista nacional e uma burguesia independente. Para isso, esses partidos admitiam uma ampla aliança de classes e a realização de uma revolução democrático-burguesa de caráter nacional que reservava para o proletariado um papel não hegemônico.

O MNR, embora incorporando a influência difusa obtida entre os grandes sindicatos mineiros, concentrava sobretudo nos estratos urbanos e pequeno-burgueses sua militância ativa e organizada. O núcleo dirigente do MNR possuía uma composição social pequeno-burguesa, uma vez que os setores mais populares eram formados pelo lumpesinato urbano, marginalizado e pouco politizado. Um possível desenlace revolucionário com ampla mobilização das massas não estava previsto nos projetos do partido; o que ficava claro nos planos de mais de uma dezena de golpes e conspirações em que o MNR havia-se envolvido nos dez anos anteriores. Era sempre preferível a esses setores trabalhar com gente de seu meio social mais próximo, mesmo que muitas vezes isso significasse se integrar ou colaborar com segmentos do governo, do que se associarem a setores do movimento operário. A elite dirigente do MNR, vivendo à parte do grande mundo das massas camponesas, dos operários e dos mineiros que realizaram uma dura e original experiência histórica, mantinha firmemente seus traços golpistas. A classe operária, mesmo que crescentemente influenciada pelo MNR após 1949, desenvolveu, de sua parte, uma prática política independente, mantendo posteriormente uma expressão diferenciada também na fase posterior, no interior do MNR. Após 1951 havia de fato três alas principais no partido: o comando nacional, células e grupos de honra de orientação direitista e reformista; uma fração de esquerda operária composta por sindicalistas de orientação socialista revolucionária; e um terceiro grupo de exilados da Argentina nacionalistas e pragmáticos.

O POR, apesar do recuo de sua participação entre os mineiros depois da pesada repressão que sofrera no governo Urriolagoitia, conseguiu manter importante influência. Sua filiação à Quarta Internacional favoreceu uma interpretação original da realidade boliviana e permitiu ao partido se diferenciar tanto prática quanto teoricamente de seus dois principais adversários políticos (o MNR e o PIR). Incorporando os escritos políticos e teóricos de Leon Trotski e os documentos que deram origem à Quarta Internacional, o POR defendia a estratégia da Revolução Permanente: adotar medidas que transformassem progressivamente e sem interrupção a revolução nacional e democrática em revolução socialista. Avaliava-se que nos chamados países de capitalismo atrasado as burguesias nacionais não seriam mais capazes de romper os limites da dominação imperialista e se emancipar. As reivindicações democráticas e nacionais só poderiam ser plenamente realizadas sob a direção da classe operária, que deveria de modo progressivo avançar em suas próprias reivindicações socialistas. O regime democrático e a conquista da autonomia nacional, por exemplo, não seriam fins em si mesmos, mas apenas vínculos de um mesmo movimento revolucionário de caráter socialista. Outro aspecto da teoria da revolução permanente realçava que, embora se iniciasse nos limites nacionais, só poderia alcançar seu pleno desenvolvimento ligando-se em um processo contínuo com a revolução em nível internacional. Nem sempre manejando com a devida maestria suas armas teóricas de luta, o POR precisava ainda traduzir em termos nacionais as perspectivas do partido mundial do qual fazia parte.

Durante a realização do 3º Congresso da Quarta Internacional, em fins de agosto e começo de setembro de 1951, em

Paris, o POR esteve presente. Os debates do Congresso geravam profundas divergências entre os trotskistas de todo o mundo, o que repercutiria na atuação do POR na revolução boliviana. A ideia, tão cara ao movimento que originara e justificara a fundação da Quarta Internacional em 1938 – de que os Partidos Comunistas e a burocracia soviética haviam-se tornado obstáculos à revolução socialista, exigindo a construção de uma nova direção revolucionária – foi questionada e relativizada nesse Congresso. O manifesto final lançado pelo 3º Congresso Mundial destacava a proximidade de uma nova guerra mundial entre os Estados Unidos e a URSS, que polarizaria em dois campos as forças políticas em todo o mundo, para justificar o alinhamento com a URSS. A enorme adesão dos trabalhadores aos partidos comunistas no pós-Segunda Guerra e as fragilidades da Quarta Internacional explicam em parte essa avaliação. As novas orientações propunham aos militantes, grupos e seções da Quarta Internacional a realização do "entrismo" nos partidos comunistas ou partidos nacionalistas de massa de acordo com a realidade nacional. A seção francesa discordou e propôs teses alternativas que nem sequer foram apresentadas ao 3º Congresso Mundial. Os trotskistas franceses argumentavam que as propostas da maioria, dirigida pelo trotskista grego Michel Pablo, equivaliam a uma renúncia da Quarta Internacional a ocupar seu lugar na história. Ao buscar direções alternativas para realizar a revolução, essas propostas reforçariam a crença na possibilidade irreal de uma regeneração da burocracia soviética. Nesse momento começava uma longa luta política no interior da Quarta Internacional, que teria consequências mundiais e particularmente trágicas em relação ao futuro do POR.

As resoluções do Congresso de 1951 apontaram uma tática para o POR boliviano que incorporava as novas orientações da maioria da Quarta Internacional:

> Nossa seção deverá concentrar seu trabalho acima de tudo nos meios operários e em suas organizações, dos operários mineiros em particular. Ela se esforçará, por outro lado, em in-

fluenciar a ala esquerda do MNR, que está baseada precisamente nestes meios. No caso de mobilização das massas sob o influxo ou influência preponderante do MNR, nossa seção apoiará o movimento com todas as suas forças, não se absterá mas, ao contrário, intervirá energicamente nela com o propósito de impulsionar tanto quanto seja possível até a tomada do poder pelo MNR, sob a base de um programa progressivo de frente única anti-imperialista. Por outro lado, se no curso dessa mobilização das massas, nossa seção prova encontrar-se em uma posição de compartilhar a influência sobre as massas revolucionárias com o MNR, lançará a proposta de um governo operário e camponês comum dos dois partidos sobre a base, contudo, do mesmo programa, um governo baseado nos comitês operários, camponeses e elementos revolucionários da pequena burguesia urbana ("Resolutión sur le Amérique Latine", resoluções do 3º Congresso da Quarta Internacional, outubro de 1951).

As atividades do POR às vésperas e nos primeiros meses da revolução de abril de 1952 sofreram progressiva influência dessas orientações, sendo inegável que elas refrearam e desviaram uma ação mais contundente e autônoma do partido em relação ao MNR.

As jornadas revolucionárias de abril

Uma conjunção de fatores históricos e políticos deu aos primeiros meses de 1952 e imediatamente anteriores à revolução um conteúdo extremamente explosivo. O golpe de Estado tramado pelo MNR e por militares da própria junta de governo em 9 de abril não pode ser visto como o estopim de todo o processo revolucionário boliviano, mas como um incidente que fazia parte de longa cadeia ou processo de crescentes contradições da sociedade. Os elementos de desgaste do aparato estatal de dominação, dos quais o golpe às eleições de 1951 era o fato mais próximo, permitiram às massas populares visualizar de modo mais concreto a dimensão da crise da burguesia e as possibilidades reais de mudanças que se apresentavam. Tratava-se da consolidação de uma consciência coletiva revolucionária que fora auxiliada pela atividade do POR e de outros partidos oposicionistas nos anos precedentes, ainda que os dirigentes do MNR vissem as organizações sindicais por eles influenciadas apenas como órgãos auxiliares e de apoio a seus planos conspirativos. Os movimentos revolucionários sempre ultrapassam as representações políticas. Os desdobramentos que conduziriam ao golpe de Estado liderado pelo MNR em 9 de abril se deram de forma apartada da mobilização política de massas. Era uma ação isolada que buscava contornar uma conjuntura revolucionária.

A apresentação de certos detalhes, mais adiante, tem sua razão de ser. Os três dias de confrontos revolucionários não foram apenas o desenrolar de pequenos e insignificantes incidentes. Em seus detalhes aparentemente sem importância, estavam contidas as principais contradições políticas e sociais do MNR e em maior escala do conjunto da revolução, que ganharão relevância nos anos posteriores.

Os dias de insurreição revolucionária que abalaram a Bolívia entre 9 e 11 de abril representavam o ápice de um longo processo em que as massas populares tomaram em suas próprias mãos a história do país. Suplantando os planos, os preparativos e as conspirações cotidianas da maioria dos grupos e dos partidos políticos, a massa revolucionária tornara-se personagem central. É esse personagem, de mil faces e mil braços, de ações sincronizadas e espontâneas, que agiu e realizou, sem deixar muitos registros de suas pequenas ações, a grande insurreição de abril de 1952. Por esse motivo, 1952 não foi apenas um momento político de profundidade e dimensões revolucionárias, mas representou uma mudança de grau e de métodos da luta política na Bolívia.

As atividades conspirativas do MNR intensificaram-se no final de 1951 e nos primeiros meses de 1952. Tratava-se, para esse partido, de explorar as fissuras que se apresentavam cada vez com maior evidência no interior da Junta Militar. A tática de tomada do poder do MNR orientava-se pela busca de uma recomposição política com base no próprio núcleo interior do aparelho estatal, o que significava alianças e acordos com membros da Junta Militar. Essa opção política revelava, em contrapartida, o distanciamento que já assinalávamos entre as expectativas políticas radicalizadas das amplas massas populares e o caminho de recomposição institucional e reformista traçado pelo comando político do partido.

O plano golpista original foi dirigido pelo comitê político do MNR com o general Seleme, chefe de polícia do regime. Os "carabineiros" que estavam sob o comando desse general contariam com o apoio de grupos de militantes do MNR, aos quais seriam distribuídas armas para a tomada da capital. O conjunto do plano envolvia a entrega da presidência ao general Humberto Torres, também membro da Junta Militar, e alguns gabinetes ministeriais ao grupo fascista Falange Socialista Boliviana (FSB), que integrava e apoiava o regime. O apoio do general Torres – chefe militar do governo – no entanto, não foi totalmente assegurado, já que este provavelmente tinha seus próprios planos golpistas. A Falange, que também já ocupava cargos no governo, resistiu em envolver-se totalmente. Restou ao MNR submeter-se às imposições do general Antonio Seleme, traduzidas em três condições para dar continuidade ao plano com o Comitê do MNR: ele próprio seria presidente, a Falange Socialista Boliviana participaria de seu governo e a conspiração deveria ser absolutamente secreta.

Na manhã de 9 de abril, cerca de 2 mil carabineiros e diversos militantes do MNR armados tomaram os principais pontos estratégicos de La Paz. Em outras cidades os preparativos também foram agilizados. O objetivo era promover um golpe rápido, sem derramamento de sangue, articulando o Exército, os policiais e os militantes do MNR. No entanto, o plano que deveria contar com amplo e efetivo apoio militar foi repentinamente confrontado com dificuldades inesperadas. O general Torres manteve-se fiel à Junta Militar e agrupou cinco regimentos próximos à base aérea da região de El Alto de La Paz, ponto estratégico de onde se pode ver e cercar toda a cidade, construída em um imenso cânion no meio do altiplano andino.

Por volta do meio-dia do dia 9, o palácio presidencial foi tomado pelos golpistas, mas, ao mesmo tempo, a cidade era completamente cercada pelo Exército. A tomada das cidades de La Paz e Oruro era estratégica para o MNR, que baseava sua ação na experiência do fracassado movimento de 1949. Naquele ano, embora a maioria das capitais regionais do país tivesse caído em poder dos revoltosos, La Paz permaneceu em poder do governo, tornando-se possível sufocar o movimento depois. Oruro, por seu lado, era importante por abrigar grande concentração de trabalhadores mineiros e estudantes politizados que poderiam se posicionar a favor do golpe.

No final da tarde do dia 9 de abril, embora o centro da cidade estivesse sob controle dos golpistas, as forças fiéis à Junta Militar iniciavam um grande ataque partindo de El Alto e da região sul da cidade, envolvendo em um grande cerco os revoltosos. Grande parte dos regimentos militares que o general Seleme havia designado para estar do seu lado se mantinha, porém, fiel ao comando do general Torres. Do ponto de vista estritamente militar, as possibilidades de vitória do golpe tornavam-se reduzidas (Justo, 1973, p.166-72). Difundia-se já entre as forças golpistas a opinião de que a ação concretamente havia fracassado e a derrota seria questão de horas. No fim desse dia, o general Seleme buscou asilo na embaixada do Chile e se retirou da luta, ordenando antes aos carabineiros sob seu comando que se recolhessem a seus quartéis.

No comando do MNR a mesma posição de recuar e abandonar o golpe começou a ganhar corpo. Siles Suazo, chefe político do partido, durante um discurso na tarde de 9 de abril, já lançava a consigna: "Volveremos, venceremos, perdonaremos" (Voltaremos, venceremos, perdoaremos), já se preparando para uma desarticulação do movimento. Para o MNR, a fuga do general Seleme praticamente selava a sorte. Como em 1949, a avaliação do comando era de que se caminhava mais uma vez para a derrota. A noite do dia 9 fora extremamente tensa. As luzes da cidade foram cortadas e o Exército deu um ultimato para a rendição até as quatro da manhã, caso contrário entraria na cidade disposto a não fazer prisioneiros. Uma significativa reunião de dirigentes do MNR ocorreu na Universidade San Andres. Amedrontado pelos rumos que tomara a situação, Siles Suazo propôs a rendição sob o argumento de se evitasse maior derramamento de sangue.

Essa noite de 9 de abril ficou conhecida como a "Noite Triste", marcando o momento em que o golpe militar se transformou em revolução. Sem que os dirigentes do MNR percebessem, o comando dos acontecimentos trocara de mãos. Operava-se uma importante modificação ou, poderíamos melhor dizer, apropriação de caráter mais político que militar, dos rumos e das características do movimento. As massas populares de La Paz, como também se verificaria em Oruro, emergiram com sólida energia e disposição para lutar contra o odiado regime oligárquico como talvez nunca acontecera na história do país. O movimento revolucionário de massas adquiriu dinâmica própria, acima das organizações políticas e sindicais tradicionais. Nessa noite Siles Suazo desapareceu e se escondeu na periferia da cidade. Nos dias 10 e 11 La Paz estaria sob o comando coletivo de milhares de homens e mulheres anônimos, revolucionários, invencíveis pelos regimentos mais equipados e preparados do Exército boliviano. Era a experiência de pelo menos duas décadas de lutas que agora se condensava na ação coletiva decisiva nas ruas e nos becos de La Paz e em outras cidades do país.

No dia 10 o Exército preparou o assalto final à cidade. Embora sete regimentos bem armados cercassem e bombardeassem La Paz desde a manhã, a vitória do Exército, que se esperava acontecesse rapidamente, tornou-se cada vez mais difícil. A aparente superioridade era enfraquecida pelo caráter político que adquiriu a luta militar. Durante esse dia a população tomou o arsenal da Praça Antofagasta e fartas munições e armamentos foram distribuídos. A revolução tomava força e se ampliava e o movimento militar assumia um caráter cada vez mais social. Soldados começavam a se recusar a combater e, em seguida, desertavam. Um fato significativo que demonstra o caráter revolucionário que assumira o movimento no dia 10 foi a adesão maciça e decisiva dos operários e dos mineiros de La Paz, até então ausentes. Até esse momento, o movimento organizado pelo MNR se fazia à parte dos setores organizados da classe operária e da população em geral. Só dessa forma podemos explicar o desenlace da batalha do dia 10 em La Paz. Se não, como explicar que os melhores e mais bem equipados regimentos do Exército boliviano, apoiados por aviões e armas pesadas, não foram suficientes para derrotar a população quase desarmada?

O fator decisivo que agravou ainda mais a situação dos regimentos que defendiam a Junta Militar, selando sua sorte, foi a chegada, pela retaguarda, de grupos de mineiros que provinham da mina de Milluni e, depois de capturar um trem de munições, lançaram um ataque à base de El Alto. Ao contrário das tropas de reforço que o Exército esperava virem da cidade de Oruro, onde as forças governistas eram derrotadas, as forças revolucionárias praticamente cercaram a base militar de El Alto. Por volta das cinco horas da tarde, a base aérea foi tomada.

Ao mesmo tempo que se desenrolavam os acontecimentos em La Paz, em Oruro, principal centro mineiro do país, a revolução adquiria grande intensidade. Logo no dia 9 parecia que o golpe em Oruro conseguiria se consolidar rapidamente. Os dirigentes do MNR pediram ordem e serenidade à sua militância, mas esta foi agitada por ativistas operários que chamavam o povo a pegar em armas. No entanto, ocorreu um fato inusitado muito significativo. O chefe da região militar local, general Jorge Blacutt, aderiu no dia 9 ao golpe e pronunciou um discurso público prometendo distribuir armas à população. Entretanto, após receber notícias de que La Paz estava cercada e o general Seleme e os carabineiros haviam-se retirado da luta, mudou repentinamente de lado. A posição dos militantes do MNR foi igualmente oportunista e isolada. Na véspera, alguns militantes que se dirigiram às minas para pedir o apoio dos mineiros foram recebidos com desprezo e indiferença. Um dos principais dirigentes do MNR local, Manuel Barrau, escondeu-se com outros dirigentes, logo no primeiro dia do golpe em um colégio de freiras. Como ocorreu em La Paz, a revolução em Oruro começou no final do dia 9 de abril com a entrada em ação das massas populares até então desmobilizadas, ocupando o espaço deixado pelo recuo do MNR. Quando a grande massa popular chegou às portas do quartel Camacho para receber as armas prometidas pelo general Blacutt foi recebida à bala. Os mineiros dos arredores mobilizaram-se em direção à cidade depois de receberem a notícia do massacre. Esse foi o real estopim para uma grande indignação e mobilização popular em toda a região. A tomada dos quartéis de polícia e de trânsito permitiu o armamento da população para resistir aos militares.

Por volta das sete e meia da manhã do dia 10 começou a maior batalha da revolução nos arredores de Oruro. Os soldados foram pegos de surpresa a 200 ou 300 metros dos tiros. De todos os lados da planície que cerca a cidade surgiam tiros e explosões de dinamite dos mineiros. A enorme planície ajudou os revolucionários que, em maior número e com o fator surpresa, cercaram os soldados. Pouco a pouco, grupos de soldados isolados e desmoralizados foram se rendendo à massa popular irada que avançava desordenadamente. A batalha prolongou-se por toda a manhã. Por volta das três horas da tarde os últimos focos de resistência do Exército se renderam. Cerca de duzentos revoltosos e mais de 120 soldados caíram mortos na batalha.

Com a derrota do Exército nos dois principais centros políticos do país, terminava a sorte do antigo regime. Em Cochabamba e em outras capitais regionais do país, não houve de fato mobilizações revolucionárias de massa, apenas tomadas quase pacíficas de quartéis e Prefeituras pelos carabineiros com a ajuda de militantes do MNR. O Exército desbaratado e dividido, com suas principais unidades derrotadas, não conseguiu resistir ao terceiro dia de combates.

O general Torres, que chefiara a resistência militar, havia-se retirado para a cidade de Laja e preparava-se para fugir para o Peru. A direção do MNR viu-se diante de um fato consumado de proporções que certamente não esperava. A participação das massas não estava prevista e mudava por completo a situação e o caráter do movimento. Os dirigentes do MNR tentaram rapidamente retomar o controle da situação, arrefecer o caráter revolucionário que adquiriam os acontecimentos e restabelecer a ordem institucional. Um dos primeiros atos do chefe do MNR, um dos mais significativos desse momento, foi frear uma ruptura total do regime e uma desarticulação completa do Exército. Na noite de 10 de abril, enquanto a massa revolucionária destruía o Exército da oligarquia, Siles Suazo ressurgia e preparava uma comissão para encontrar o general Torres na cidade de Laja, com o propósito de criar um gabinete misto. Isso ocorria ao mesmo tempo que, em Oruro, os oficiais militares eram protegidos pelo MNR da multidão que queria linchar os responsáveis pelos grandes massacres e assassinatos de mineiros nos últimos dez anos.

Dessa forma, só o enorme distanciamento político e social entre a cúpula dirigente do MNR e as massas populares explica por que Siles Suazo, à frente de um movimento revolucionário vitorioso, decidiu ir atrás do derrotado general Torres, que já fugira para o Peru, na tentativa de selar um acordo. Siles preparou uma proposta que incluía a organização de um gabinete conjunto civil-militar, o fim das hostilidades e a retirada e a preservação das tropas do Exército. O general Torres, mesmo derrotado, sentiu-se em condições confortáveis para aceitar o acordo. Na conversa com Torres, Siles afirmou que queria preservar a instituição do Exército, que ele respeitava, e assegurar a retomada da vida institucional. Nenhuma represália seria imposta ao general nem aos militares que participaram da repressão. Esse acordo ficou conhecido como o "Pacto de Laja" e não reconhecia a vitória revolucionária, ao contrário, propunha uma trégua e um tratamento equivalente entre os dois lados da contenda:

> O Dr. Siles chefe da nova Junta de Governo, em comum acordo com o general Torres Ortiz, compromete sua palavra

para a imediata convocação de eleições democráticas no prazo de cinco meses.

... Imediatamente conhecida esta comunicação, todas as unidades militares, carabineiros, elementos civis armados, retornarão a suas bases.

Todos os elementos civis ou militares que desacatarem este acordo ou cometerem atentados contra a vida ou a propriedade dos habitantes da Bolívia serão passíveis dos castigos que assinalam as leis...

Laja, 13h30min horas do dia 11 de abril de 1952.

Quando retornou a La Paz, Siles percebeu que a realidade política o impedia de implementar o acordo. O MNR, embora formalmente houvesse obtido a vitória, não tinha controle real sobre a situação e estava limitado pelo poder de fato das milícias armadas de mineiros e camponeses que se construíram de improviso durante os dias da insurreição. Siles Suazo tentava, na verdade, esvaziar todo o conteúdo revolucionário avançado até então. Em seu primeiro discurso ao assumir o governo, afirma:

> Peço esforço e serenidade. Nada de exaltações. Somos muito pobres para sermos mais destruídos ... não queremos destruir, mas construir uma nova Bolívia. (*El Diario*, La Paz, 11.04.1952)

A pequena e limitada conspiração entre o MNR e os militares procurava manter-se mesmo após o desenlace da revolução; na verdade, a fina camada que encobria as grandes rupturas da sociedade boliviana já estava nesse momento rompida. O golpe de 9 de abril foi como um pequeno e imperceptível corte sobre uma superfície extremamente tensa, provocando uma torrente revolucionária que fez naufragar toda a frágil superfície institucional do país. O MNR repentinamente tornava-se o último e tênue elo que ainda ligava dois mundos em completa ruptura. A figura de Siles Suazo, pequena e oportunista diante do gigantismo das jornadas revolucionárias daqueles dias, era caricatural e reveladora do lugar que ocupava o MNR nos primeiros momentos da revolução.

Um dos grandes paradoxos da revolução de 1952 foi que a consciência coletiva revolucionária da classe operária, que se consolidava e envolvia outros setores sociais não pôde cristalizar-se coesa e plenamente por meio de uma sólida representação político-partidária – uma vanguarda operária no sentido leninista do termo – que o POR ambicionava ser, mas dissolveu-se em amplo movimento de massas.

Apesar de todo o trabalho anterior entre os mineiros, o POR esteve praticamente ausente como organização centralizada das jornadas revolucionárias de 1952. Essa ausência do POR não deve ser vista como algo *sui generis* para um partido que se autodenominara revolucionário. O POR fora um dos partidos mais visados pelo regime militar, estava fragilizado sem seus principais dirigentes e militantes. Miguel Alandia, conhecido integrante do partido, chegou a empunhar armas com outros militantes à frente de grupos de operários e mineiros. Os militantes do POR estiveram à frente de numerosas pequenas batalhas, mas dissolvidos no turbilhão popular da revolução. Às primeiras horas e dias de revolução, as fronteiras políticas que separavam os poristas do nacionalismo do MNR e de outras organizações políticas no movimento de massas estiveram turvadas e indefinidas pelo amplo movimento revolucionário. Seriam necessárias ainda algumas longas semanas decisivas para que o POR pudesse retomar sua participação organizada nos acontecimentos, reagrupar suas células e dirigentes sob uma única orientação política, de forma a poder influir nos rumos da revolução.

A formação do governo

A formação do primeiro gabinete provisório foi marcada por grandes tensões que expressavam o conflito entre duas orientações políticas e sociais distintas no interior das forças que tomavam o poder. Siles Suazo assumiu interinamente a presidência, aguardando a chegada de Paz Estenssoro que estava no exterior. A pequena burguesia representada por Siles Suazo era o setor mais conservador e disposto a refrear possíveis arroubos revolucionários no novo governo e recompor rapidamente os marcos institucionais do velho regime. A cúpula dirigente do MNR ainda não tinha controle dos rumos do novo governo e era obrigada a fazer concessões. O setor do MNR liderado por Juan Lechín, mais distanciado da vida interna do partido e ligado aos sindicatos mineiros, condicionava seu apoio ao novo governo ao atendimento de uma plataforma de reivindicações que incluía a reforma agrária, a nacionalização das minas e a dissolução do Exército e sua substituição por milícias operárias. Exigia ainda três Ministérios indicados pelos sindicatos. A composição do novo governo terminou por incorporar os chamados "ministros operários". Juan Lechín foi nomeado ministro das Minas, German Butrón, ministro do Trabalho e Ñuflo Chaves, ministro dos Assuntos Camponeses. O governo que se constituía demonstrava uma primeira tentativa de desarmamento político do movimento operário, comprometendo-o em parte com o governo partindo do setor mais próximo do MNR. Por outro lado, representava muito das ilusões revolucionárias que as massas populares depositavam no MNR.

Em 15 de abril Paz Estenssoro retornou e foi recebido calorosamente pela população para assumir a presidência. Seu primeiro discurso contrariou os ânimos da caótica, enorme e efervescente multidão que se aglomerava na praça Murillo exigindo reforma agrária, nacionalização das minas, dissolução do Exército, aumento salarial. Paz Estenssoro foi claro e enfático na necessidade de calma e serenidade: "Quando tivermos os recursos necessários, o governo encarará o melhoramento da vida da coletividade..." (*El Diario*, 16.04.1952). Político pragmático, caracterizado por muitos como populista e demagogo, esteve durante grande parte de sua antiga carreira política ligado às instituições políticas tradicionais e aos meios conservadores. Fora advogado da empresa mineira Patiño e ministro da Economia no governo Peñaranda, além de deputado entre 1938 e 1946. Passara o período do Sexênio (1946-1952) exilado na Argentina. Com grande habilidade e tato, começou a navegar nas águas turbulentas que marcaram os primeiros meses da revolução. Nessas primeiras semanas nada estava definido.

O movimento revolucionário buscava suas próprias formas democráticas de representação e organização, de constituição de sua soberania. A dualidade de poderes que se conformou desde os primeiros momentos advinha de que, embora tolerando o governo do MNR, as massas procuravam manter uma ação política independente. O grau de confiança delas no novo governo era limitado por uma dinâmica de auto-organização popular que se esboçara já na formação das milícias e ganharia novos contornos com a fundação da Central Obrera Boliviana (COB).

Uma polarização já se configurava nos primeiros dias da revolução: a ala operária do MNR e o POR aproximaram-se em uma frente comum e passaram a fazer reivindicações que rompiam com os limites desejados pela cúpula do MNR. O POR procurava materializar as orientações práticas assinaladas no último Congresso da Quarta Internacional. Segundo as palavras do secretário-geral do POR, Guillermo Lora, discursando em Paris seis dias após a vitória da revolução:

> o nosso partido impulsiona a ala esquerda do MNR e do gabinete atual para que siga a linha traçada pelos trabalhadores em combate ... é missão essencial do POR, dos trotsquistas, constituírem-se em guias vigilantes para evitar que as aspirações dos trabalhadores se diluam no meio das promessas vagas ou das manobras dos elementos direitistas.

Pressionar e vigiar o MNR. Esses caminhos apontados seriam trágicos para o POR nos meses posteriores.

Duas políticas confrontaram-se desde o princípio da revolução: de um lado, a dinâmica revolucionária e independente das massas e, de outro, a ação desmobilizadora e institucional do governo do MNR, voltada a reordenar e conter a ruptura e a radicalização. Esses dois projetos políticos, na verdade perspectivas revolucionárias de classe diferentes, aglutinavam-se de modo vago nas propostas democráticas e nacionalistas. O MNR e o PIR aproximavam-se, embora mantendo diferenças, uma vez que concordavam com a necessidade de um movimento revolucionário de caráter nacional e democrático em que se admitiam alianças de classe em que o proletariado não teria papel hegemônico. Em contrapartida, o POR, como já nos referimos, apoiava-se na teoria da revolução permanente para desenvolver sua atividade política. Do ponto de vista social podemos dizer que duas linhas se distinguiam: a burguesa nacionalista e a operária socialista. A expressão partidária desses programas políticos não foi mecânica, mas, à medida que o MNR, pelo menos seu núcleo original pequeno-burguês, expressava uma ideologia burguesa nacional, o POR foi o partido que mais se aproximou nesse momento das expectativas e das reivindicações socialistas da classe operária. Porém, a tática do POR de submeter-se à ala esquerda do MNR enfraqueceu suas possibilidades.

Um partido, por mais ampla que seja sua base social, jamais consegue ser a representação política de toda a sociedade, papel ainda mais complexo em uma situação revolucionária em que as multidões entram na cena política. O MNR era muito mais uma frente popular de massas agrupando diferentes classes sociais sob a forma de partido do que uma organização política com coesão e programa definido, embora seu núcleo dirigente fosse composto por um setor mais coeso da pequena burguesia conservadora.

O poder para o novo governo baseava-se não na ação decisiva e revolucionária das massas, mas na continuidade da legitimidade constitucional usurpada em 1951. Não interessava ao núcleo dirigente do MNR provocar qualquer ruptura, mas reatar a vida institucional. A revolução boliviana sob o governo do MNR não se propunha, portanto, a criar uma nova legitimidade e novos valores, ou romper com o passado. Era fundado nesse passado que o governo reivindicava seu direito de governar. É particularmente notável a ausência de qualquer menção a uma nova constituição, a uma Assembleia Constituinte como marco soberano de reordenamento institucional do país. O MNR só promulgaria uma nova Constituição em 1961 esvaziada do contexto revolucionário. Toda a hábil política do MNR foi erigida com vistas a ganhar tempo e, pouco a pouco, desarmar essas tendências mais radicais, que naquele momento tinham uma força política superior que logo se fez sentir na fundação da COB.

A fundação da Central Obrera Boliviana

A participação dos operários durante as jornadas revolucionárias não se dispersara como esperava a cúpula do MNR. Após o triunfo da revolução, a COB tornou-se um polo aglutinador do movimento revolucionário das massas de 10 e 11 de abril. Esse fenômeno obviamente pôs uma cunha nos planos de rápido restabelecimento da ordem institucional por parte dos dirigentes do MNR. Ao mesmo tempo significava um novo patamar em relação a toda a trajetória anterior do movimento operário, reforçando suas possibilidades de ação independente. A partir desse momento grande parte dos possíveis caminhos que a revolução poderia trilhar nos meses seguintes concentrou-se em torno da disputa pelo controle político da COB.

O modelo partidário do MNR, como partido das "três classes revolucionárias", amplo e flexível, procurava dissolver a tendência à coesão e à homogeneização de classe que se operava entre os operários e envolvia o conjunto das camadas populares. A equação política do poder tornou-se complexa e instável, como não poderia deixar de ser em um regime que tentava se estabilizar sobre a turbulência de uma revolução que derrotara tradicionais forças políticas. A revolução aprofundara uma ruptura política no conjunto das relações de classe no interior da sociedade boliviana, dando continuidade ao processo histórico de desestruturação do velho Estado burguês, que se iniciara na década de 1930. A fundação da COB tinha um novo significado, uma vez que traduzia uma continuidade das diferenciações políticas estabelecidas entre os dirigentes pequeno-burgueses do MNR e a massa trabalhadora na insurreição de abril. Era, no entanto, um processo ainda em andamento e certamente contraditório, o que realçava ainda mais a importância da fundação da central sindical.

Os passos iniciais que deram existência à COB provinham do impulso imediato da mobilização revolucionária das massas, mas também da experiência desenvolvida pelos sindicalistas mineiros ao longo da década de 1940. Toda a atividade sindical veio se desenrolando em contraposição ao sindicalismo então dirigido pelo PIR e pelo PSOB, que, por intermédio da CSTB, manteve grande parte da atividade sindical boliviana vinculada ao Estado. A organização e politização progressivas da classe operária corresponderam, a cada momento, a formas superiores de organização sindical e política. Desde que se fundou a federação dos mineiros (FSTMB), em rompimento com a CSTB, controlada pelo PIR e ligada ao governo Hertzog, o projeto de construção de grande central sindical independente amadurecera. As tentativas que conduziram à fundação da FSTMB e depois à constituição do bloco mineiro-parlamentar POR-FSTMB obedeciam a esse sentido comum de construir um movimento sindical independente e unificado. Assim, já assinalava a Tese do Congresso mineiro de Pulacayo, em 1946:

> necessitamos forjar uma poderosa Central Operária ... Quando as federações se converteram em instrumentos dóceis a serviço dos partidos políticos da pequena burguesia, quando pactuaram com a burguesia, deixaram de ser representantes dos explorados ... Sobre uma base verdadeiramente democrática deve se organizar a central dos trabalhadores bolivianos.

Durante a Greve Geral de 1950 novo passo foi dado. Os Comitês de Coordenação que se formaram, agrupando e unificando sindicatos com diferentes graus de organização e politização, ajudaram a consolidação de um novo setor do sindicalismo, avançando na ideia de unificação e formação de uma nova central sindical, o que ajudou a enfraquecer a rival CSTB e preparou o terreno para a formação da futura COB.

O militante do POR Miguel Alandia foi o responsável pela convocação da primeira iniciativa que daria origem à poderosa COB, realizada na FSTMB em 17 de abril de 1952. Da reunião participaram dezoito dirigentes sindicais e Juan Lechín foi escolhido secretário-executivo, German Butron do MNR, secretário-geral e Edwin Moler do POR, secretário de organização. As primeiras reivindicações apresentadas pela COB ao novo governo foram revogação das leis antioperárias, nacionalização das minas e das ferrovias, realização de uma revolução agrária, diversificação da economia e melhora dos salários. A fundação da COB consolidaria a liderança dos mineiros sobre o conjunto do movimento sindical, que até então guardava resquícios da influência anarquista e stalinista das antigas centrais. Os antigos adversários da CSTB controlada pelo PIR, os sindicalistas anarquistas agrupados na Fracción Obrera Local de La Paz (FOL), se dissolveram no amplo movimento que construía a nova central operária.

A primeira grande divergência surgida no interior da COB dizia respeito ao grau de autonomia e independência em relação ao governo do MNR. Um movimento revolucionário não se sustenta se não inicia a constituição de seus próprios órgãos de poder. A COB apontava esse sentido e, portanto, constituía-se em séria ameaça à burguesia. Procurando força política no movimento revolucionário e ao mesmo tempo buscando minar sua independência, a cúpula do MNR propôs um governo comum com a recém-fundada COB. A fração comandada por Lechín tinha como objetivo fazer da Central sua base de sustentação política no interior do governo. O POR via a possibilidade de consolidação da COB como expressão de uma desconfiança dos operários e das massas com relação ao governo, a qual seria necessário explorar e aprofundar. Por isso a proposta de que os ministros operários fossem controlados e as decisões da COB tivessem "mandato imperativo" sobre eles.

Embora com o tempo o número de ministros operários passasse de três a cinco, em nenhum momento eles foram indicados pelos sindicatos ou submetidos a seu controle, o que indicava as fragilidades iniciais da COB.

Juan Lechín, por outro lado, trabalhava no sentido contrário ao do POR. Para afastar a desconfiança que os operários teriam com relação ao cogoverno, ele afirmava ser este a maneira mais eficaz de garantir as reivindicações operárias e, ao mesmo tempo, impedir as tentativas contrarrevolucionárias. Isso permitiu que o MNR se beneficiasse do apoio da COB, explorando-o em seu favor. O cogoverno deixava aberta uma artéria do poder operário e do conjunto do movimento revolucionário, que transferia seu sangue vital para o MNR. O cogoverno e as propostas aparentemente mais à esquerda que aumentaram para cinco o número de ministros operários significavam o contrário de uma radicalização operária e revolucionária do governo. Impediam que o movimento das massas revolucionárias se tornasse independente e se diferenciasse em relação ao MNR.

Essa posição enfrentou oposição do POR, que criticou a participação da COB no governo e trabalhava para forçar uma crescente diferenciação entre as duas esferas de poder. O MNR viu-se obrigado a desenvolver uma série de iniciativas e fazer concessões para tentar manter sob seu controle o movimento de massas que se agrupara em torno da COB. As principais medidas da revolução, como a nacionalização das minas e a reforma agrária, só foram possíveis nos primeiros meses após a tomada do poder, sob grande pressão das massas.

Se, de certo ponto de vista, a COB incorporava uma herança rica do passado traduzida nas lutas dos mineiros principalmente, trazia também alguns traços que a fragilizavam, como a pouca tradição de independência do movimento sindical em relação aos partidos políticos e aos governos. Assim como, por exemplo, a CSTB ligara-se ao governo Hertzog por meio de um "ministro operário" que fazia parte do gabinete, a FSTMB atuou em bloco com o POR mediante uma aliança eleitoral no Bloco Mineiro-Parlamentar após 1946. Logo após 1952 essa característica – a relação direta do movimento sindical com governos e partidos – não foi suprimida, mas adquiriu uma nova forma, o que de modo contraditório limitou ainda mais as possibilidades de a classe operária agir politicamente de forma independente. A própria fórmula dos ministros operários no governo MNR não foi de todo original. Aos olhos de muitos dirigentes sindicais, a aliança partidária do MNR com a COB reproduzia parcialmente, agora sob a forma de governo, a aliança POR-FSTMB em 1947. O POR certamente encontrou nesse fator uma dificuldade a mais para se consolidar como vanguarda política do movimento operário.

No entanto, a influência política do POR cresceu nos primeiros momentos da COB. À frente da Secretaria de organização, o porista Edwin Moller tornou-se um dos principais articuladores da nova Central e figura proeminente em seus trabalhos. Seguiu-se, à fundação da COB, a organização de Centrais Departamentais (CODs). O POR passou a controlar diretamente a COD da região de Santa Cruz. Um dos pontos altos de conflito que a COB ainda sob influência do POR protagonizaria com o governo aconteceu quando o jornal da COB, *Rebelión*, editado por Moller, lançou uma declaração no mês de setembro propondo a radicalização da revolução:

> A COB defende a ocupação das fábricas e das minas pelos trabalhadores, como uma alternativa para prevenir a sabotagem e a desocupação ... Nacionalização das minas, sem indenização e sob controle operário. Os trabalhadores não aceitam nenhuma outra forma de nacionalizar as minas ... O povo boliviano não pode arcar com o peso que significaria o pagamento de fabulosas indenizações ... O destino da revolução se liga intimamente ao destino da propriedade privada, que só poderá ser superada pela ação revolucionária das massas. O Congresso Nacional dos Trabalhadores é um passo na obtenção de um Parlamento Operário que, superando a estrutura jurídica democrático-burguesa, abrirá o caminho para um Governo Operário e Camponês. (*Rebelión*, n.1, setembro de 1952)

As grandes linhas de um novo poder, emanado diretamente da soberania do movimento revolucionário, estavam sendo traçadas e a COB propunha-se a iniciar sua estruturação. O editorial do *Rebelión* propunha uma orientação política distinta da do MNR. Correspondia a um movimento que, desde a COB e os sindicatos e organizações populares e estudantis que ela começava a congregar, iniciava a estruturação de novos órgãos de poder. Dar os passos para formar um novo Parlamento, operário, a partir da COB, era questionar diretamente o cogoverno MNR-COB. A reação do MNR foi quase imediata.

O Comitê Político Nacional do partido entrou em estado de alerta, ordenando imediatamente que seus militantes recolhessem o jornal. O jornal oficial do partido, *En Marcha*, publicou uma resposta para esclarecer os marcos políticos em que trabalhava o governo:

> O MNR é em sua essência um partido nacional e em consequência contrário ao comunismo internacional ... O MNR considera que no país deve fomentar-se o espírito de empresa entre os bolivianos e também atrair capitais estrangeiros ... (*En Marcha*, 18.09.1952).

A crescente importância política da COB, que repercutia sem muita oposição as propostas do POR, fez o governo passar à ofensiva para controlar a Central, que lhe escapava. Nos primeiros meses o governo do MNR esteve totalmente dependente das decisões da COB. Foi a habilidade de comprometer e, principalmente, corromper os dirigentes com as benesses do poder estatal, de ganhar tempo, que conteve, pouco a pouco, a mobilização revolucionária liderada pelos operários bolivianos. O projeto de nacionalização das minas provocou acomodamento dos sindicatos mineiros e facilitou o envolvimento dos dirigentes sindicais da esquerda do MNR nas malhas do aparelho de Estado no momento em que a COB ainda não possuía uma organização consolidada.

A proposta de cogoverno entre a COB e o MNR surgiu como o instrumento que ajudou a restaurar a fratura estabelecida entre o golpe do MNR e a mobilização revolucionária. Por outro lado, era a comprovação de que entre o MNR e a massa havia ainda muita distância a ser superada. Juan Lechín representava os operários e camponeses na equipe ministerial e no próprio MNR. Dele dependia em grande medida a estabilidade governamental. Nesse sentido, seu papel foi fundamental para basear no MNR a estabilidade da revolução. O cogoverno com o MNR foi, assim, fatal para a COB, pois comprometia perigosamente sua nascente independência. Ao mesmo tempo, o MNR procurou adiar o congresso de fundação que seria realizado no fim de 1952 ou no princípio de 1953 e teria permitido uma ampla mobilização fora do pleno controle do MNR. A COB continuou funcionando a partir de sua cúpula dirigente sem um congresso fundacional, que permitiria eleger uma direção e organizar amplamente o movimento revolucionário de massas nela baseado (Scali, 1954, p.17).

O POR realizou seu 9º Congresso entre 24 e 29 de setembro de 1952 em La Paz e suas resoluções terminaram por favorecer o MNR. Em 1951 o POR seguira a nova orientação da Quarta Internacional, dirigida por Michel Pablo, de trabalhar a perspectiva de um governo comum com o MNR, sobre a base de um mesmo programa. A revolução de 1952, porém, levou as massas populares a iniciar a construção de seu próprio poder por meio da COB, da auto-organização das milícias armadas e das ocupações de terras. O informe político do 9º Congresso, por seu turno, destacava três objetivos para o POR em relação ao governo do MNR: apoio ao governo diante dos ataques do imperialismo, apoio real e ativo a todas as suas medidas progressivas, sem deixar de assinalar as limitações dessas, e, por fim, apoio à ala esquerda do MNR. Com isso o POR recuava de suas posições conquistadas no processo de constituição da COB, favorecendo a consolidação do MNR e preparando futuras divisões entre os trotskistas bolivianos.

A REBELIÃO CAMPONESA

Ao longo de 1952 a rebelião camponesa adquiriu crescente intensidade. A insurreição de 1952, embora tenha-se concentrado nas zonas urbanas do país, relacionava-se, como já afirmamos, a um processo mais profundo de desestruturação do Estado oligárquico boliviano, que tinha na economia rural um de seus sustentáculos de poder. O processo social que levou à reforma agrária em 1953 entroncava-se com a mobilização do proletariado mineiro. A nacionalização das minas e o fortalecimento da COB certamente incentivaram as mobilizações. No entanto, a mobilização camponesa possuía dinâmica e características próprias. Em uma situação de pouca autoridade do governo do MNR, instalou-se um verdadeiro pânico entre os grandes proprietários e a pequena burguesia urbana. O Exército e a polícia estavam neutralizados e milícias de camponeses e operários exerciam o poder sobre o país. A ação camponesa inicialmente assumiu a forma da recusa ao trabalho. Logo transformou-se em aberta rebelião, com ocupações e saques das sedes das grandes fazendas, divisão das terras e formação de sindicatos camponeses. As regiões que concentraram essas rebeliões localizavam-se geralmente em torno dos grandes acampamentos mineiros, sobretudo em Cochabamba, depois em Oruro, La Paz e na região norte de Potosí.

A tese de que os camponeses tiveram um papel marginal na insurreição de abril de 1952 merece ser revista. Se aceitamos a revolução de 1952 apenas como resultado de um golpe vitorioso do círculo conspirativo do MNR, auxiliado por mobilizações de massas localizadas nas cidades, é evidente que os camponeses seriam vistos como secundários. No entanto, a revolução de 1952 foi produto de um fenômeno político e social mais amplo, de desestruturação do Estado oligárquico, de constituição crescente de formas independentes de ação política dos operários e de setores da pequena burguesia urbana e rural. Trata-se de um processo que foi se desenvolvendo cada vez com maior intensidade ao longo das décadas de 1930 e 1940. As mobilizações camponesas, em particular nos anos 1940, foram importantes para a desestabilização do sistema político oligárquico.

Quando a questão camponesa se tornou explosiva logo em seguida à vitória da revolução, a atitude do MNR demonstrou-se claramente ambígua e defensiva, refletindo as posições políticas do partido desde a década anterior. Foi particularmente esclarecedora a fala de Ñuflo Chaves, ministro de Assuntos Camponeses do governo do MNR, diante das primeiras manifestações camponesas em meados de agosto de 1952:

> a organização de um novo sistema de trabalho agrário se desenvolverá sobre a base das atuais comunidades indígenas, para realizar a cooperativização. Não é possível chegar à redistribuição de terras porque isto implica restabelecer o minifúndio, prejudicial à produção ... (*El Diario*, 02.08.1952).

Tais posições revelavam, de fato, a oposição, no MNR, de uma política efetiva em relação à questão da reforma agrária. A mobilização camponesa impôs um novo discurso e obrigou o governo a adotar novas ações.

O nível de organização dos camponeses estava ligado às características e às formas de ocupação da terra: tipo de propriedade e organização da produção, forma de organização do trabalho, níveis de relação com o mercado. Nas regiões onde as relações mercantis eram mais desenvolvidas e havia fricções interétnicas menores, o confronto entre colonos e patrões se acentuava, o que dava às demandas dos camponeses um caráter sindical e político que geralmente se manifestava por meio de greves. Nas regiões com grande presença indígena, a tensão étnica e a tensão fazenda-comunidade desempenhavam maior papel e a forma de luta que predominava era o assédio e as ameaças de cerco às cidades (Cusicanqui, 1985). A dinâmica de formação dos sindicatos camponeses padeceu, portanto, da combinação de diferentes fatores, adquirindo um caráter diferenciado e muitas vezes adaptado à realidade da mobilização rural. Essa dinâmica impediu nesse período uma centralização nacional própria do movimento camponês, que manteve atuação dispersa.

Cochabamba, uma das regiões mais populosas e o principal centro agrícola do país, destacou-se, desde o princípio, como núcleo das mobilizações políticas camponesas. Essa região apresentava algumas peculiaridades, como o bilinguismo quéchua-castelhano, muito difundido, que facilitava os contatos entre o meio urbano e o rural, uma intensa mobilidade geográfica e social dos camponeses e uma estrutura de mercado mais consolidada, que ajudou no desenvolvimento de relações e alianças políticas e sociais dos camponeses com outras classes, enfraquecendo as relações sociais tradicionais. As fazendas da região estavam ligadas à economia mineira, gerando um mercado interno que criava formas transitórias de exploração da terra (parcerias, arrendamentos). Como consequência dessas várias formas de relação social, surgiu um setor intermediário de pequenos produtores independentes (*piqueros*) que rivalizavam com os grandes fazendeiros no abastecimento dos centros mineiros e urbanos (Argañaras, 1992). Foi nessa região que se organizaram sindicatos, em contraste com a região do Altiplano, onde, pela forte presença de relações servis, a mobilização camponesa deu-se após a revolução por meio de relações clientelistas e cooptação estatal das lideranças.

O principal líder camponês de Cochabamba era o militante do POR José Rojas, que desenvolveu grande atividade marcada pela proposta de ocupação direta e sem indenizações das terras. Em janeiro de 1953 o POR, por intermédio de Rojas, passou a controlar a federação camponesa de Cochabamba e transformou a região no principal centro irradiador da rebelião camponesa. Os choques com o MNR tornaram-se frequentes, razão pela qual este reagiu criando, por meio do líder mineiro Sinforoso Rivas e com o apoio do Ministério de Assuntos Camponeses, uma federação rival que repudiava a ocupação de terras e começou a prender e atacar os dirigentes e militantes do POR.

3. A CONSOLIDAÇÃO DA REVOLUÇÃO

A consolidação da revolução desencadeada pela insurreição de massas em abril implicou o abandono das perspectivas radicais iniciais, baseadas no impulso do movimento operário. As pressões internacionais, principalmente dos Estados Unidos, e as pressões institucionais do aparelho estatal – clientelismo, burocratização – permitiram ao governo do MNR consolidar suas posições reformistas e conservadoras. Há três grandes momentos do processo revolucionário de 1952 que se estende até 1964. O primeiro pode ser caracterizado como a fase da dualidade de poderes, na qual o movimento operário buscava, pela construção da COB e com as mobilizações de massa pela nacionalização das minas e a reforma agrária, impor uma perspectiva revolucionária que apontasse para o socialismo. O segundo momento situa-se após a realização do 1º Congresso da COB, a decretação da reforma agrária e a reorganização do Exército. Nessa fase o MNR resolve a seu favor a situação anterior de dualidade de poderes, consolida-se como partido hegemônico controlando os principais organismos de massa, o que lhe permite negociar concessões com o imperialismo estadunidense. O terceiro momento caracteriza-se pelo afastamento do movimento sindical operário da direção do MNR e pela crescente dependência desse dos setores militares e massas de camponeses manipuladas por relações clientelistas.

A NACIONALIZAÇÃO DAS MINAS

De acordo com o lugar ocupado pela mineração do estanho no conjunto da economia boliviana, o tema da nacionalização das minas esteve presente nos debates políticos do país desde o princípio do século XX. O MNR originalmente propunha estabelecer maior controle estatal sobre a exploração de minérios, sem questionar a propriedade ou a concentração da produção:

> Exigimos a vontade tenaz dos bolivianos para manter antes de tudo a propriedade da terra e da produção, seu esforço político para que o estado fortalecido assegure em benefício do país a riqueza proveniente da indústria extrativa. Exigimos o concurso de todos para extirpar os monopólios privados ... Exigimos a subordinação absoluta das grandes empresas, que operam no exterior, ao estado boliviano. (Programas y Principios de acción del MNR, junho de 1942)

Tais ideias estabelecidas na fundação do partido não viriam a ser alteradas nos anos seguintes. De fato, limitavam-se a retomar algumas orientações já presentes no governo German Busch durante a década de 1930. Apesar da prédica do MNR denunciando a exploração a que era submetido o país, a cúpula dirigente "emenerrista" resistia à proposta de suprimir de forma profunda os direitos dos grandes mineradores, mediante a estatização. Como alternativa propunha incentivar a pequena mineração e aumentar as divisas do Estado mediante maior controle da atividade.

Por outro lado, as organizações de esquerda e os sindicatos já incluíam essa reivindicação em seus programas desde a década de 1930. O grupo Tupac Amaru, sob a liderança de Tristan Marof, levantou com grande repercussão na época a proposta de controle das minas pelo Estado, inscrevendo-a no programa de fundação do POR em 1935. O sindicalismo mineiro na década seguinte não chegou a estabelecer a proposta de nacionalização da mineração sob controle do Estado, indo além ao apoiar a orientação de preparar o controle operário da mineração. As Teses de Pulacayo, o documento sindical mais acabado e elaborado do movimento sindical mineiro, explicitavam:

A FSTMB apoia toda medida que tomem os sindicatos no sentido de realizar um efetivo controle dos operários em todos os aspectos do funcionamento das minas ... Os operários devem controlar a direção técnica da exploração, os livros de contabilidade, intervir na designação de empregados de categoria e, sobretudo, devem interessar-se em publicar os ganhos que recebem os grandes mineradores e as fraudes que realizam quando se trata de pagar impostos ao Estado e de contribuir à Caixa de seguro e poupança operária.

No entanto, logo após a insurreição de 1952 e a tomada do Estado pelo MNR, a reivindicação de nacionalização de toda a mineração com controle operário e sem indenizações se popularizou. A proposta foi um dos primeiros obstáculos a ser enfrentado pelo novo governo ao tentar controlar a revolução. A criação da COB deu grande impulso ao movimento pela nacionalização. A pressão tornou-se mais intensa, com assembleias e passeatas que obrigaram o governo a se posicionar rapidamente. No interior da COB, as propostas do POR haviam ganhado relevo e se tornavam hegemônicas. Defendia-se a ocupação imediata das minas, o não pagamento de indenizações aos antigos proprietários e administração sob controle coletivo dos trabalhadores. Além disso, a nacionalização deveria se estender às ferrovias.

A tática estabelecida por Paz Estenssoro e Siles Suazo foi de postergar ao máximo as soluções, adotando-as parcialmente, de modo a reduzir de forma paulatina o foco de pressões políticas a que era submetido o governo. Buscando responder às pressões, este afirmava que a questão da nacionalização exigiria um estudo sereno em vista de sua complexidade e do fato de 20% dos acionistas de Patiño serem estadunidenses. A situação da mineração boliviana em 1952 não era nada animadora. Muitas minas exploravam veios antigos, com maquinarias obsoletas. Os preços internacionais estavam em um período de depressão. Esse conjunto de fatores fragilizava o governo do MNR nas negociações internacionais. A preocupação central dos dirigentes concentrava-se em evitar um possível rompimento traumático com os interesses dos Estados Unidos e um novo boicote econômico, como já enfrentara a Junta Militar. Por esse motivo, uma das primeiras medidas de Paz Estenssoro, ao tomar posse, foi nomear um embaixador para tranquilizar Washington em relação a seus interesses na mineração.

Embora o MNR buscasse tratar o tema como uma questão econômica, a nacionalização era uma proposta política que, se realizada nos moldes exigidos pelo movimento operário, poderia ferir de morte o núcleo da velha ordem oligárquica. A manutenção da propriedade privada na produção mineradora permitia ao eixo em torno do qual se articulava o velho Estado oligárquico se manter e rearticular as forças políticas derrotadas. Em contrapartida, a expropriação completa e sem indenizações significaria não apenas a destruição dos alicerces das velhas classes dirigentes, mas a ruptura em maior grau com o imperialismo estadunidense, uma radicalização da revolução e o fortalecimento político dos setores mais à esquerda no bloco revolucionário.

No dia 13 de maio o governo criou uma comissão com a finalidade de estudar as possibilidades técnicas da nacionalização, visando a desarmar o movimento de massas, de forma que a decisão não fosse tomada no ponto mais alto de pressão política contra o governo, o que ocasionaria maiores concessões. Na instalação da comissão, Paz Estenssoro discursou reafirmando a linha reformista do MNR:

> A nacionalização das minas para nós, não é um ponto programático consignado por influências forâneas, ou uma cópia servil do que fazem em outros países ... É nosso desejo e uma necessidade nacional que não se entorpeça a exploração das minas de modo que possa se ressentir a economia boliviana. Por isso, buscaremos no possível, um acordo com os atuais possuidores e haveremos de colocarmo-nos em um terreno de equidade. Temos confiança em que seremos compreendidos, não

só pelos empresários, senão também pelos governos dos países cujos cidadãos tenham comprado algumas ações das três grandes companhias que irão ser nacionalizadas. (Discurso de Paz Estenssoro, 13.05.1952, citado por Luiz Antezana, v.8. p.2164-6)

Era praticamente um pedido de desculpas aos proprietários e uma tentativa de acalmar os receios da administração dos Estados Unidos. O governo do MNR buscava equilibrar-se entre a pressão das massas e a pressão estadunidense, procurava assim criar uma situação de apaziguamento que não permitisse a completa nacionalização da mineração sem indenizações, como defendiam os mineiros, o que poderia significar um rompimento com os Estados Unidos.

A postergação da nacionalização permitiria ainda limitar as reivindicações originais do movimento operário. Embora a nacionalização de toda a mineração pudesse se inserir na perspectiva nacionalista e reformista do MNR, com certo grau de intervencionismo estatal, as mobilizações de massa abririam uma dinâmica de luta política que o MNR talvez não pudesse controlar. Nesse momento, gigantescas mobilizações organizadas pelos mineiros agitavam o país. Dias depois Juan Lechín e Mario Torres – dirigentes sindicais ligados ao MNR – foram incorporados à comissão. As reivindicações da COB, como nacionalização sem indenização e controle operário, passaram ao âmbito das negociações de bastidores, o que facilitou ao governo esvaziar ou desviar as mobilizações de massa. O trabalho da comissão demandaria cinco longos meses, reduzindo a pressão da COB e colocando o processo sob controle do MNR.

No entanto, as pressões dos mineiros não diminuíram na intensidade esperada pelo comando político do governo. A presença do POR na COB era ainda um obstáculo ao MNR. Os mineiros continuaram a exigir com maior disposição a nacionalização das minas. O POR valeu-se do lugar de que dispunha naquele momento na COB para reafirmar as reivindicações desta. Em setembro, o jornal *Rebelión* da COB afirmava:

> A COB reivindica a ocupação das fábricas e minas pelos trabalhadores, como única alternativa para prevenir a sabotagem e a desocupação ... Nacionalização das minas sem indenização e sob controle operário. Os trabalhadores não aceitamos nenhuma outra forma de nacionalizar as minas ... O povo boliviano não pode carregar o peso que significaria o pagamento de fabulosas indenizações ...

O principal bloqueio político à ocupação direta das minas pelos operários estava, todavia, no cogoverno COB-MNR, que gerava nas massas a expectativa de que todas as suas reivindicações seriam atendidas, pois dirigentes mineiros participavam do governo. A ala esquerda do MNR, composta por sindicalistas liderados por Lechín, era a principal defensora dessa possibilidade, como ele próprio afirmou no 1º de Maio de 1952:

> Enquanto não nacionalizarmos as minas, para que o capital dos bolivianos fique com os bolivianos, enquanto não executarmos a revolução agrária para que a terra que cultivam os bolivianos seja para os bolivianos, enquanto não acabarmos com os especuladores e dermos pão ao povo ... nós somos a única garantia para evitar os golpes contrarrevolucionários que prepara a oligarquia, mas exigimos do governo cumprir nosso programa. (*El Diario*, 03.05.1952).

Porém, sem a iniciativa direta dos movimentos sociais, com base em seus organismos de poder em construção (sindicatos, associações) em torno da COB, a nacionalização das minas seria limitada ou mesmo tornada inviável. A primeira medida prática contra os grandes mineradores só foi adotada em julho de 1952, quando o regime declarou o monopólio da exportação de minerais pelo Estado por intermédio do Banco Mineiro. Embora fosse uma medida coerente com a trajetória nacionalista com a qual o MNR procurava se identificar, foram necessários meses para concretizá-la; no fim, o governo limitou-se a recuperar os princípios que originaram a criação do Banco Mineiro por German Busch. O princípio da medida era fortalecer a capacidade de investimento do Estado, de acordo com a perspectiva do núcleo dirigente do MNR de controlar mais do que nacionalizar a grande mineração. A medida tinha a finalidade de fortalecer os setores de pequenos empresários mineradores. Essa era, por outro lado, uma forma de tentar conter o ânimo revolucionário e a pressão política dos mineiros sobre o governo.

Finalmente, em outubro, quando o movimento sindical já aguardava pacificamente a nacionalização, as primeiras medidas mais efetivas começaram a ser adotadas. Em 2 de outubro de 1952 foi criada a Corporación Minera de Bolívia (Comibol) com a finalidade de preparar a exploração e a comercialização dos minérios. A postergação dessas medidas permitiu que os grandes mineradores se preparassem para a possível nacionalização. No dia 7, as empresas de Patiño, Hothschild e Aramayo foram ocupadas pelo Estado e no dia 31 foi assinado o decreto de nacionalização. A Comibol tomava posse de 163 minas, que empregavam ao todo 29 mil homens. Por outro lado, as grandes mineradoras seriam indenizadas pelo valor fixado de US$ 27 milhões. Juan Lechín foi o segundo a assinar o decreto, depois de Paz Estenssoro, ordem que invertia a correlação de forças entre o poder real dos mineiros e das massas mobilizadas e o poder formal dos dirigentes do MNR (Malloy, 1989, p.233).

O decreto representava uma solução de compromisso entre as reivindicações da classe operária e os temores da pequena burguesia. Não afetava as médias e pequenas mineradoras que passariam a receber incentivos do Banco Mineiro. Preservava um setor privado na mineração ao mesmo tempo que concedia um poder limitado aos sindicatos mineiros. Além disso, paralelamente era criada uma Lei de Investimentos que abriu várias concessões a empresas estrangeiras em outras áreas da mineração. De 1952 a 1961 seriam feitas 1.917 novas concessões a empresas privadas para a exploração de minerais.

A aplicação do decreto em si era uma importante conquista do movimento operário contra a direção do MNR, em que pese não terem sido plenamente atendidas suas reivindicações originais. Para satisfazer parte dos interesses dos mineiros, o decreto previa um controle operário parcial sobre a produção, com a nomeação de dois dos sete diretores da Comibol pela FSTMB. Esses teriam o direito de vetar as decisões contrárias aos trabalhadores. Ao mesmo tempo que se criava um poder dos sindicatos, estes viam-se comprometidos com a administração das minas. A instituição do controle operário permitia ainda indicar controladores nas diferentes minas, porém sem valer-se de indicações coletivas realizadas em assembleias de bases. As indicações seriam individuais feitas pelas cúpulas sindicais. Essa pequena mudança tirou um importante meio de controle das mãos dos operários de base e facilitou a nomeação pelo MNR de homens de sua confiança ou mesmo a cooptação de dirigentes independentes, favorecendo a criação de uma nova burocracia sindical.

A conjuntura geral da economia, com baixas cotações de preços internacionais, pressões e boicotes das grandes corporações internacionais de minério, não favoreceu o desenvolvimento da mineração nacionalizada. Em geral, os insucessos foram atribuídos ao fato de as empresas terem sido nacionalizadas e de haver grande ingerência e poder dos sindicatos em seu interior. Outra fonte de críticas atribuiu ao número de trabalhadores contratados as dificuldades econômicas da Comibol. De 1952 a 1956, o número de empregados nas minas nacionalizadas cresceu de 29 mil para 36 mil operários, muitos dos quais foram perseguidos políticos dos regimes anteriores. Para os adversários do processo, os trabalhadores estavam diminuindo a produção de propósito em protesto contra os baixos salários. No entanto, os problemas da mineração nacionalizada foram de outra natureza. O preço internacional do estanho, por exemplo, tendeu a baixa desde 1952 até 1961. Em decorrência do período de grande inflação que se seguiu à revolução, os salários dos mineiros foram reduzidos em 42,5% entre

1950 e 1955. Mesmo com o aumento do número de funcionários, os custos com pessoal da Comibol caíram de 38 para 35% entre 1952 e 1958. Os custos por operário, que haviam sido de US$ 85 mensais em 1952, reduziram-se a US$ 42 em 1956. Apesar de todas essas condições de deterioração do trabalho, falta de investimentos e esgotamento das minas, a produção por trabalhador aumentou de 3,91 toneladas em 1952 para 4,5 em 1956 (Dunkerley, 1987).

Além de tais dificuldades conjunturais da economia internacional e nacional, a Comibol também foi vitimada pelos desvios burocráticos do regime, os favorecimentos pessoais e a corrupção. O governo dos Estados Unidos, por sua vez, manteve pressão constante para que a Bolívia saldasse as indenizações aos magnatas dos minérios. A importação de novos equipamentos esteve sempre condicionada ao pagamento dessas indenizações. Durante a década de 1940 não haviam sido feitos investimentos em novas máquinas. Os Estados Unidos, que eram o principal comprador de minérios bolivianos, só firmaram um novo contrato com a Comibol em 10 de julho de 1953, depois de acertado o montante das indenizações a serem pagas aos antigos proprietários. Ademais, o governo recusou-se a diversificar a exportação para outros países; por exemplo, os países do bloco comunista foram deixados de lado, fechando-se um caminho para diminuir o peso das pressões estadunidenses. Além disso, o MNR desviou recursos da mineração para a indústria petrolífera e para outras atividades econômicas, descuidando da modernização técnica do setor, o que trouxe efeitos negativos rapidamente. A ação do Estado foi ainda dificultada pela decisão do MNR de aceitar a ajuda pelo Fundo Monetário Internacional (FMI) em 1957, sob condição de que aplicasse um plano de ajuste econômico que resultou em cortes aos subsídios alimentares dados aos mineiros.

Do ponto de vista político, porém, a nacionalização das grandes minas deu novo fôlego e autoridade política ao MNR e abriu uma nova fase para o POR e o movimento sindical boliviano. O efeito imediato da nacionalização foi o de fazer refluir o movimento de massas urbano e o fortalecimento da COB como centro do movimento revolucionário de massas, ficando facilitada a ação institucionalizadora do governo MNR-COB.

A reforma agrária e o movimento camponês

A reforma agrária boliviana foi consequência direta da mobilização em massa dos camponeses, cujo grau e profundidade ameaçaram a própria estabilidade do governo do MNR. As organizações que inicialmente surgiram do movimento no campo estavam em geral ou sob controle ou sob influência política do POR ou agindo de forma completamente espontânea. Apoiavam-se nas jornadas urbanas de abril de 1952 e mantinham vínculos com as estruturas da COB. Essa dinâmica chocava-se com as disposições reformistas do governo. O grande impulso de constituição dos sindicatos camponeses ocorreu durante os primeiros meses da revolução de 1952, rompendo parcialmente com as estruturas tradicionais e étnicas que agrupavam o mundo agrícola andino. No entanto, a forte tradição comunitária fez desses primeiros sindicatos, incentivados pela revolução operária nas cidades, verdadeiros órgãos de poder local, de autogestão popular.

Não houve uma ação deliberada do governo do MNR em favor da mobilização camponesa e da reforma agrária. As iniciativas do governo foram respostas a um processo já em andamento e tiveram o objetivo de conter e limitar o movimento. As incoerências e ambiguidades do MNR em relação à questão agrária estavam patentes desde sua fundação em 1942 e pouco se haviam modificado dez anos depois. Os setores majoritários e mais conservadores do MNR, compostos em grande parte de pequenos e médios proprietários, receavam qualquer contato com as massas camponesas, em relação às quais mantinham preconceitos arraigados. Isso explica os poucos contatos do MNR com o movimento camponês durante a década de 1940 e princípios de 1952. Podemos confirmar esse diagnóstico revendo o "Programa de Princípios de Ação do MNR", aprovado em 1942 e ratificado em 1946, que assinalava vagamente a necessidade de modificações legais para o trabalhador rural e um programa de colonização, sem mencionar a reforma agrária:

> Exigimos que uma Lei regulamente o trabalho do camponês, de acordo com as peculiaridades de cada região sem modificar os costumes impostos pelo meio geográfico, mas garantindo a saúde e as necessidades do trabalhador boliviano. Exigimos que toda obra de colonização tenha em vista fazer de todo boliviano, homem ou mulher, proprietário de terras ... Exigimos o estudo sobre bases científicas, do problema agrário indígena com vistas a incorporar à vida nacional os milhões de camponeses marginalizados dela, e a conseguir uma organização adequada na economia agrícola para obter o máximo rendimento.

Antes de 1952 as propostas do MNR limitavam-se, em grande parte, a medidas superficiais, mantendo uma visão preconceituosa em relação ao índio camponês, o que revelava a identidade de pontos de vista do grupo dirigente do partido com a velha oligarquia nessa questão. O MNR negligenciou a participação camponesa em sua estratégia revolucionária. Suas posições em relação à reforma agrária na verdade refletiam as atitudes e os valores pequeno-burgueses das lideranças nacionais do partido, que enfatizavam a estabilidade, a moderação e o respeito à propriedade privada.

A resposta do governo às mobilizações que se multiplicavam em 1953 se faz segundo as mesmas ideias matrizes elaboradas pelo MNR na década anterior, agora revestidas de uma roupagem populista. O MNR só assumiu de fato a reforma agrária quando, perante as pressões de massa, a ala mais conservadora do partido perdeu terreno. Politicamente a questão agrária foi utilizada como um meio para que os camponeses constituíssem uma sólida base de apoio social ao governo, a fim de enfrentar a ameaça da antiga camada dirigente, por um lado, e, por outro, a radicalização dos setores operários.

O recuo e a estabilização das jornadas revolucionárias nos centros urbanos e no movimento operário e, sobretudo, o adiamento do congresso de fundação da COB para 1954 deram uma pequena margem de manobra para o comando dirigente do MNR enfrentar os setores radicalizados influenciados pelo POR, que incendiavam o campo. A influência do POR na COB, embora em declínio, não pôde assim ser canalizada para tornar viável uma aliança sólida com o movimento camponês que crescia. O descompasso de ritmos entre as ações desses dois movimentos – o operário e o camponês – facilitou a ação do MNR. Fora do raio de ação da economia de mercado e da cultura urbana, permaneceram mais ou menos intactas numerosas comunidades indígenas dedicadas à economia de subsistência, que não tinham contatos significativos com a esfera dos valores e das normas da vida nas cidades. Mesmo assim, é importante destacar que o movimento camponês era mais organizado onde havia sindicatos operários, ou pelo menos fortes contatos com o mundo urbano. Esse fenômeno foi particularmente marcante na região de Cochabamba.

O que caracterizava a região, como já assinalamos, era a existência de um campesinato médio, conhecido como *piquero*, que rivalizava com os grandes proprietários no abastecimento das regiões mineiras. Como assinalou Eric Wolf, são esses estratos os mais vulneráveis às mudanças econômicas, paradoxalmente, às influências do proletariado emergente. O camponês médio em geral permanece no campo e envia seus filhos para trabalhar na cidade. Assim, sua família mantém vínculos no campo e na cidade e ele se torna um veículo que propaga as ideias políticas da cidade. A rebelião camponesa em Cochabamba foi mais uma comprovação dessa tese. Na verdade, os primeiros sindicatos ou organizações de massa camponesa após 1942 surgiram da influência política do movimento operário e, mesmo assim, apenas nas regiões em que as características econômicas e sociais o permitiram.

A entrada em cena de milhares de camponeses despertou terror em extratos da população urbana. Alguns relatos, embora estereotipados, demonstram o medo com que os camponeses eram recebidos nas cidades. Em novembro de 1952 o jornal *El Diario* registrava a visita de um representante do Ministério de Assuntos Camponeses a uma comunidade:

> Quando reconheceram o automóvel da prefeitura, os camponeses dispararam suas armas de fogo e o grave bramar de milhares de pututus feriu os ares com presságios funestos ... O prefeito reuniu os líderes principais e lhes pediu num discurso em quíchua que depusessem sua atitude beligerante, que em seguida ele atenderia suas reclamações.

No final de janeiro de 1953, ocorreu um novo incidente também em Cochabamba. O relato demonstra um clima de beligerância nas cidades com a presença indígena-camponesa e permite perceber a relação que o MNR estabelecia nesse momento com o movimento. Os manifestantes dirigiram-se à cidade para libertar seus dirigentes, ligados ao POR, que haviam sido presos. Segundo *El Diario*:

> Os subversores da ordem faziam soar seus pututus anunciando franca beligerância. Dos balcões da prefeitura falou a senhora Rosa Guillen, destacada dirigente do MNR. Em quíchua, pediu serenidade e a nomeação de parlamentares para solucionar o conflito. Os indígenas não aceitaram nenhuma proposição ... Quando os indígenas se mostraram mais belicosos, os militantes do MNR tomaram suas armas e imediatamente cercaram a praça. Nesse momento, agentes civis borrifaram a praça com pó de gás lacrimogêneo... (*El Diario*, 03.02.1953).

No relato, o índio camponês, pronto para a violência, é contraposto à capacidade do MNR de recobrar a serenidade e a ordem. A violência só partiu do MNR após a provocação dos indígenas. O camponês sentia-se um intruso na cidade, um inimigo que provocava o medo do saque, das violações, da subversão.

O MNR é o contraponto desse estado de coisas. Esse pequeno relato revelava todo o distanciamento do MNR em relação ao mundo camponês.

O jornal *Los Tiempos de Cochabamba* publicava em 23 de abril de 1953 um documento da Federação Rural de Cochabamba, demonstrando o estado de ânimo que se apossava dos grandes proprietários:

> Vivemos momentos de terror e verdadeira incerteza nos campos. A famosa sindicalização camponesa está trazendo junto uma onda de saques e atropelos, em muitos casos colocando em perigo a vida de proprietários e administradores. Para sustentar esta asseveração basta ler a imprensa diária de qualquer departamento. Os proprietários e administradores estão entregues a sua própria sorte, totalmente indefesos e sem respaldo de autoridade alguma nem legislação na qual se amparar.

O jornal do POR, em contraposição, expunha as reivindicações dos camponeses, reforçando a polarização social:

> Numerosas células poristas camponesas e de várias localidades do país, especialmente dos departamentos de Chuquisaca, Potosí, La Paz e Cochabamba têm feito chegar a "Lucha Obrera", suas denúncias no sentido de que numerosos fazendeiros parcelam suas terras e pressionam os indígenas para que as comprem. Desesperado esforço para salvar o iminente naufrágio! ... Deixemos claramente estabelecido que os camponeses não comprarão as terras, simplesmente as tomarão com as suas mãos... (*Lucha Obrera*, 39, maio de 1953)

Mas qual era a relação do POR com esses camponeses? Há poucas referências para se recuperar esse elo. Embora o POR houvesse realmente estabelecido uma relação com os camponeses, constituindo células partidárias no campo, as dificuldades eram patentes. O partido começava a agrupar uma massa de militantes, fruto de sua ação direta, mas que carecia de organicidade para se consolidar. Explorando essas fragilidades, o MNR pôde adotar um conjunto de estratégias para preencher a lacuna revolucionária camponesa que ameaçava romper a frágil estabilidade governamental. O governo valeu-se de sua autoridade política para ganhar tempo, postergar decisões, prometer terra aos camponeses e remeter a decisão a uma comissão de especialistas. Como primeira medida criou-se uma comissão técnica encarregada, ao mesmo tempo, de elaborar um projeto de reforma agrária e envolver e desarmar os partidos políticos adversários. Criada em janeiro de 1953, a Comissão de Reforma Agrária contava não só com membros da esquerda do MNR, mas também com o dirigente do PIR Arturo Urquidi Morales, defensor de um desenvolvimento capitalista no campo, e com o dirigente do POR Ernesto Ayala Mercado. Como na questão da nacionalização das minas, o MNR procurava contemporizar as pressões e reivindicações das massas por meio de concessões parciais via negociações. A formação da comissão cumpria um objetivo político importante por assinalar uma tomada de posição do governo que permitia ao MNR acalmar os ânimos da pequena burguesia urbana e de parte dos proprietários rurais ameaçados. Além disso, a comissão gerava uma expectativa de resolução pacífica e legal para a reforma agrária, que fortaleceria e legalizaria uma ação estatal contra os atos insurrecionais promovidos pelo POR. O fato de este partido ter indicado um de seus membros para a comissão certamente auxiliou a estratégia governamental.

A participação do POR na Comissão de Reforma Agrária criada pelo governo foi simultânea à liderança do partido na Confederação Camponesa de Cochabamba. O que pode parecer contraditório tinha na verdade relação com as posições adotadas meses antes pelo 9º Congresso do POR, as quais apontavam como orientação o caminho da aproximação com a ala esquerda do MNR no governo e o consequente fortalecimento desta. A posição do POR com relação à tática a ser seguida para a questão agrária era ambígua, revelando divergências internas que se desenvolviam.[1] Um documento do POR da época era revelador. Criticava-se inicialmente a formação de uma comissão técnica para resolver o problema da reforma agrária:

> A resposta ao problema não a darão as comissões de técnicos ou de amigos dos círculos governamentais – interessados em salvar pelo menos parte do latifundismo – essa resposta será dada pelas próprias massas camponesas através de sua ação revolucionária ... A reação burguesa e latifundiária tem maiores possibilidades de impor seus interesses às comissões governamentais.

O mesmo panfleto do POR, no entanto, concluía aderindo à estratégia construída pelo MNR para controlar o movimento camponês:

> Em vista do caráter deliberativo da dita comissão e por estar à margem do manejo político estatal, o POR se é convidado a integrar a dita comissão, delegará um de seus membros para este trabalho, com o objetivo de fazer conhecer seus próprios pontos de vista e assinalar a rota revolucionária dos camponeses. ("El POR llama a las masas campesinas a luchar organizadamente por la conquista de las tierras", 18.02.1953)

Para o governo era necessário derrotar e abafar o movimento camponês radicalizado, destruir os baluartes políticos que o POR sustentava no campo, empregando todos os meios possíveis. A notícia da formação da comissão técnica de reforma agrária foi seguida também de uma série de ações do governo visando a "pacificar o campo". Os ataques ao POR ganharam

---

[1] A derrota da ala direita do MNR em janeiro, em 1953, reforçou no interior do POR posições favoráveis à maior colaboração e mesmo a um apoio crítico ao governo do MNR, ficando enfraquecida a corrente daqueles que defendiam uma ação mais independente do partido.

grande violência no decorrer de 1953. Os fazendeiros tentaram apresentar as ocupações como atos de banditismo e pilhagem e responsabilizar o POR, descrito como um agente comunista estrangeiro que era necessário combater sem tréguas. Dessa forma, auxiliados pela polícia, formaram-se bandos armados que empreenderam uma série de expedições punitivas aos camponeses mobilizados, esforçando-se por anular as principais lideranças. Multiplicaram-se prisões de dirigentes e militantes do POR e os incêndios foram provocados em sindicatos, para aterrorizar e conter a mobilização camponesa. A participação dos comandos do MNR foi fundamental com o apoio local de autoridades governamentais do partido.

A cooptação dos sindicatos camponeses

Já tivemos a oportunidade de abordar anteriormente o caráter independente do surgimento das organizações sindicais camponesas em certas regiões como expressão de um impulso de independência política e organizativa, que se tornava perigosa e intolerável para o governo. Os sindicatos camponeses, por outro lado, não podem ser vistos estritamente como organismos sindicais. Seu surgimento era, ao mesmo tempo, expressão de uma retomada das tradições comunais indígenas e de recriação de formas ancestrais de decisão coletiva mescladas às tradições do sindicalismo urbano, assumindo assim a forma de poderes locais soberanos.

O sindicalismo camponês foi sistematicamente combatido pelo governo do MNR enquanto mostrou-se independente. A participação e a incorporação das organizações camponesas nas instituições estatais se deram em um momento de consolidação conservadora da revolução. Essa conjuntura terminou por burocratizar as relações entre os sindicatos camponeses e mineiros e o Estado, o qual voltava a se subordinar ao grande capital estrangeiro.

A maioria dos autores que destacaram o papel ativo do MNR nesse processo o relacionou com a passividade do indígena e do movimento camponês. Um assessor do Ministério de Assuntos Campesinos descrevia em 1954 os sindicatos camponeses praticamente como apêndices de seu ministério, como órgãos passivos de aplicação das políticas governamentais, o que o levou a dizer que "na Bolívia a revolução começou de cima, durante sua gestão e nas fases iniciais, os camponeses não participaram dela como um setor ativo e organizado" (Flores, 1956, p.247 e 261). Da mesma forma, J. Pierre Lavaud afirma que o MNR pôde criar uma relação clientelista com os camponeses, utilizando-os e se beneficiando de sua passividade: "o camponês é organizado como sustentáculo do regime ao mesmo tempo que depende do regime". Progressivamente o movimento sindical camponês teria-se tornado um meio de ascensão social e os sindicatos transformaram-se em instituições a serviço do governo, afastando-se das bases e passando a responder apenas às demandas oficiais (Lavaud, 1977, p.639-40).

Após 1952, o MNR procurou aplicar de modo sistemático uma política de integração dos camponeses ao projeto nacional mediante uma reforma agrária que ignorava as tradições indígenas, a vida comunitária e os valores tradicionais dessas populações. Esse posicionamento político traduziu-se na rejeição dos temas ligados à indianidade. A reforma agrária de 1953, o voto universal e a mobilização dos camponeses em ações sindicais dirigidas ou manipuladas pelas diversas frações do MNR objetivavam transformar o índio em camponês, dissolver o universo comunitário e seus valores culturais, de modo a integrar essas populações diretamente à nação boliviana. Muitos foram os que se proletarizaram nas minas de estanho ou foram integrados como mão de obra barata nos empreendimentos agroindustriais do Oriente boliviano, região em que buscou também sedentarizar e integrar as populações indígenas locais, com o objetivo de assegurar a presença nacional nas regiões de fronteira.[2] Tal política de integração

---

[2] O componente indígena do povo boliviano nunca foi homogêneo, havendo diferentes etnias com suas tradições culturais próprias. Os quíchuas representam 35% da população boliviana e são mais

mostrou-se eficaz como mecanismo do sistema político do MNR, que, utilizando o camponês como massa de manobra, opôs por longos anos um obstáculo às lutas políticas e sindicais do movimento operário boliviano.

Os debates em torno da reforma agrária ganharam grande importância no interior da COB em 1953. Três projetos de resolução foram apresentados: o do MNR, o do PCB e o do POR. A resolução apresentada pelo POR reafirmava as posições originais do partido: assinalava os limites estreitos da comissão técnica de reforma agrária e afirmava a necessidade de uma resposta política e revolucionária para o problema, de nacionalização sem indenizações, confisco das fazendas da igreja e usufruto pelas organizações camponesas como forma de expandir progressivamente a exploração coletiva, de respeito à pequena propriedade na perspectiva de sua centralização por critérios cooperativistas, de confisco das médias e grandes propriedades e reintegração das comunidades indígenas usurpadas.

As posições mais conservadoras defendidas pelo MNR e pelo PCB propunham uma reforma bem limitada, com entrega de pequenas parcelas, prioridade à colonização e respeito absoluto às indenizações dos expropriados. Essas propostas perderam influência nos primeiros meses de 1953. O projeto final aprovado pela COB em 22 de julho desse ano a rigor incorporava praticamente o conjunto das posições do POR, com acréscimo da referência sobre a necessidade de defender a média propriedade e a condenação explícita aos saques e às destruições nas ocupações. As resoluções são nitidamente contrárias às orientações do governo em vários pontos:

> A COB, diante do problema da reforma agrária, define suas posições nos seguintes pontos: a) Declarar o domínio

---

numerosos no Peru, além de igualmente presentes no Equador e no norte da Argentina. Os aimarás estão mais concentrados na Bolívia, onde correspondem a um quarto da população, além de serem minoria no sul do Peru.

originário do Estado sobre a terra; b) Nacionalização da terra sem indenização, pelas vias da reversão, confisco e expropriação; c) Entrega da terra às organizações camponesas ... i) A reforma agrária deverá tender ao agrupamento dos pequenos produtores em cooperativas; j) Reversão das terras das ex-comunidades, reconhecendo o direito dos colonos de incorporar-se na comunidade na qualidade de comunários ... m) Os órgãos executores da Reforma Agrária terão intervenção operário-camponesa, sendo em último termo os executores em cada lugar, os sindicatos camponeses....

Embora o POR tenha obtido inegável vitória política ao conseguir aprovar praticamente na íntegra sua posição relativa à reforma, a comissão técnica seguiu seus trabalhos apartada do movimento de massas e, contraditoriamente, com a colaboração de um dirigente do POR. Conforme o próprio partido previu, a comissão servia para legitimar propostas muito aquém das reivindicações e da dinâmica do movimento social. Por isso é ainda mais relevante o fato de que nem a resolução original apresentada pelo POR na COB, nem a resolução final da COB faziam qualquer menção aos trabalhos da Comissão Técnica de Reforma Agrária, órgão em que de fato conduzia e centralizava o poder de decisão em relação ao tema. A comissão criada pela cúpula do MNR atingira seu objetivo de desviar as possibilidades de centralização e unificação do movimento do campo com os sindicatos operários contra o governo. Gerava uma expectativa crescente de resolução da questão agrária, ganhando legitimidade política para desarmar a oposição que partia sobretudo do POR.

O decreto-lei de reforma agrária foi finalmente assinado em 2 de agosto de 1953 em um grande ato político em Ucureña – região de Cochabamba, centro nervoso dos grandes conflitos camponeses. Sinteticamente, seus objetivos básicos eram: conceder terras aos camponeses que possuíam pouca ou nenhuma pela expropriação dos latifúndios, repor as terras das comunidades usurpadas, assegurar a abolição da *pongueaje*, aumentar a produtividade, incrementando as ajudas técnicas, proteger recursos naturais e promover a imigração para o Oriente. A lei estabelecia ainda um rol de salvaguardas e limites que a tornaram vulnerável a uma série de manipulações, abrindo-se brechas para que pressões sobre os funcionários ou relações e influências políticas a desviassem de seus objetivos originais. O decreto ainda instituía três órgãos distintos de execução, com poucos recursos e complexos e morosos procedimentos burocráticos que tornaram os processos de expropriação extremamente lentos no decorrer dos anos.

Se uma comunidade reivindicasse uma área para expropriação, deveria se dirigir à Junta Rural, composta em geral por militantes nomeados pelo MNR, a qual deveria realizar uma audiência com o proprietário e os camponeses e levantar dados; caso não houvesse acordo, a questão deveria ser encaminhada ao Juizado Agrário, em geral também composto por homens do governo. As próximas instâncias eram as Chefaturas Departamentais de Reforma Agrária, o Conselho Nacional de Reforma Agrária e o Ministério de Assuntos Camponeses. Criava-se um trâmite interminável, permeado por relações pessoais e favorecimentos, que tornavam todo o processo parcial e facilmente instrumentalizável para fins políticos. A lei tornava-se, de fato, empecilho a uma ação em larga e profunda escala, permitindo a criação de toda uma rede de manipulações e favores em torno do processo de reforma. Facilitou-se a cooptação das organizações e das lideranças camponesas.

O projeto final elaborado pela Comissão de Reforma Agrária representou uma vitória política fundamental para o MNR. Seu conteúdo consagrou uma visão de desenvolvimentismo capitalista, que incentivava a grande empresa agrícola e reconhecia, por meio das indenizações aos grandes proprietários, o pleno direito de propriedade, atingindo assim dois objetivos básicos: do ponto de vista econômico, proporcionar uma base para o desenvolvimento econômico agrário de base empresarial e, do ponto de vista político, converter o camponês em base social defensora do novo regime. A legislação, embora previsse a pequena e média propriedades, ignorou a propriedade coletiva e comunal dos índios, o que tornou o minifundismo uma tendência e um obstáculo ao avanço da economia no campo.

Os refinamentos legais estavam distantes da ansiedade presente no movimento de massas no campo e o decreto de reforma agrária alimentou novas ocupações, insufladas e apoiadas pelo POR nos meses seguintes. No entanto, embora a formação de sindicatos tenha-se ampliado, pressões institucionais e políticas se multiplicaram sobre o movimento no campo. O governo dos Estados Unidos liberou importantes recursos, na forma de distribuição de alimentos, ferramentas e equipamentos, que funcionaram como moeda de troca de apoio político. O Exército também foi rearticulado nesse mesmo momento, treinado pelos Estados Unidos para agir supostamente como um apoio técnico no campo, mas na verdade pronto para combater as milícias armadas camponesas.

O movimento camponês foi sendo envolvido em uma nova dinâmica, com ações cada vez mais dispersas e movidas por localismos e regionalismos. Rapidamente o movimento assumiu uma dinâmica de lutas pessoais e rivalidades entre facções internas do MNR, o que despolitizou suas ações e o tornou joguete das lutas no interior do Estado. Nesse processo o POR não ficou imune e importantes dirigentes do partido foram capturados às teias estatais. Esse é o caso do dirigente porista mais destacado no campo, José Rojas, que, depois de dirigir a importante Federação Camponesa de Cochabamba, foi aliciado por concessões pessoais e tornou-se em seguida um submisso funcionário. Outro dirigente nacional do POR, Ernesto Ayala Mercado, que havia representado o partido na comissão que elaborou a lei de reforma agrária, terminou nas fileiras partidárias do MNR meses depois, ao lado de numerosos e importantes militantes trotskistas.

Os resultados econômicos da lei de reforma foram limitados. Nenhum dos objetivos originais estabelecidos pelo projeto de reforma agrária de 1953 foi atingido plenamente. Nas regiões de grande parcelamento de propriedades houve enorme queda da produção, porém, no Oriente, em Santa Cruz, no médio prazo estabeleceram-se grandes empresas agrícolas rentáveis. A produção agrária para o mercado dependia do latifúndio, ainda que também seus métodos de trabalho resultassem antiquados e sua rentabilidade fosse geralmente muito baixa. Antes de 1952, 8,1% dos proprietários agrícolas detinham 95% da superfície agrária aproveitável, enquanto 69,4% dos proprietários deviam contentar-se com 0,41% das terras agricultáveis. Da reforma agrária, pode-se afirmar, com certa segurança, que até 1970 foram distribuídos 12 milhões de hectares a 450 mil novos proprietários, o que afetou 1,2 milhão de pessoas de uma população de 4,5 milhões (Mansilla, 2003, p.121).

Vários dos objetivos da reforma foram prejudicados pela manipulação política da lei, como favorecimentos aos simpatizantes e militantes do MNR na distribuição de terras. Os projetos de colonização da região de Santa Cruz foram estabelecidos sobretudo para aliviar a pressão demográfica e reivindicativa nas grandes concentrações do altiplano. O ultrafracionamento da terra em algumas regiões, a falta de incentivos e de tecnologia e o isolamento social e econômico da maioria dos camponeses levaram a um quadro de produção em pequena escala e baixa produtividade. Por tal razão, mesmo os objetivos de desenvolvimento capitalista do campo não foram plenamente atingidos. Susan Eckstein destaca que as pressões e as relações envolvidas no processo de reforma agrária tiveram uma dimensão política bem ampla. O projeto final de reforma agrária combinou pressões nacionais e internacionais sobre o MNR. Desse modo, a reforma foi desacelerada à medida que cresciam as pressões dos Estados Unidos, o que beneficiou aliados políticos do MNR e aprofundou as desigualdades na terra (Eckstein, 1983, p.461-6).

A reforma agrária boliviana, do ponto de vista da ampliação das práticas democráticas, foi um processo regressivo e não positivo. A antiga estrutura paternalista com traços feudais foi substituída por uma nova e sofisticada estrutura clientelista ligada ao MNR. Por meio do Ministério de Assuntos Camponeses organizavam-se novos sindicatos e autorizavam-se ocupações de terras. Um novo conceito, o de cidadania liberal, foi imposto ao índio camponês. Tal imposição, ignorando a identidade étnica do indígena, atacava sua organização comunal, obrigando-o a adotar outra identidade. Mesmo os vestígios de organização social e prática política presentes na comunidade indígena foram questionados pela reforma de 1953.

Os sindicatos tornaram-se instrumentos político-administrativos do Estado e joguetes manipulados durante as lutas fracionais do MNR, constituindo-se em sua principal base social. O pacto militar-camponês surge nos governos do MNR a partir de 1960, quando o general René Barrientos, de acordo com a "política de Ação Cívica" do Exército, recebe a incumbência de resolver um conflito entre comunidades camponesas nas localidades de Cliza e Ucureña, no vale de Cochabamba. O pacto estabelecia um compromisso entre os militares que deviam respeitar as conquistas camponesas (terra, sindicatos, educação) e, os camponeses, que se comprometiam a apoiar as Forças Armadas e a combater as propostas subversivas da esquerda. O paternalismo que caracterizava a "ação civil" militar, com troca de favores e regalias, permitiram o rompimento dos laços políticos que uniam o movimento em escala regional e nacional ao movimento operário, o que favoreceu posteriormente o apoio camponês aos governos militares a partir de 1964.

A DIVISÃO DOS TROTSKISTAS

O fato de o POR ser uma das mais importantes seções da Quarta Internacional jogou o partido, em pleno processo revolucionário boliviano, no centro da luta fracional desenvolvida no seio da sua organização mundial. Na Bolívia, as repercussões mais evidentes desses debates surgiram no 9º Congresso do POR, em setembro de 1952.

Uma resolução de novembro de 1952 do XII Pleno da Quarta Internacional, tomada sem a presença dos dissidentes, reproduziu uma versão triunfalista e artificial do papel do POR boliviano na revolução de abril:

> O POR participou a fundo na insurreição de abril, evitando isolar-se das amplas massas polarizadas na ação pelo MNR. Sua política tem procurado, então, continuar evitando isolar-se das massas sobre as quais o MNR exerce sempre uma forte influência, e sobretudo, não isolar-se da base da ala esquerda daquele ... Outra alternativa que pode se apresentar e da qual naturalmente é preciso compreender toda a importância e explorá-la a fundo, é ver-se consumar uma ruptura entre a direita e a esquerda do MNR, ou seja, conseguindo esta última conquistar a maioria do MNR, seja separando-se dela e constituindo-se em partido distinto. Em todos os dois casos, o POR poderá encarar a possibilidade de um governo operário-camponês formado pela coalizão dos dois partidos. (Resolução do XII Pleno do Comitê Executivo da Quarta Internacional, novembro de 1952)

Tais orientações levavam o POR a pôr em segundo plano seu próprio lugar e seu fortalecimento como partido e apostar cada vez mais o futuro da revolução na esquerda do MNR. De fato, o partido deixava passar o momento de duplo poder que se desenvolvia com a construção da COB e nada dizia sobre a necessidade de a COB tomar em suas mãos tarefas concretas de governo, possibilidade que existia. Durante o 10º Congresso do POR, realizado em 10 de junho de 1953, a crise que desagregava a Quarta Internacional repercutiu com maior intensidade na atividade do partido. A resolução praticamente reproduzia os documentos do congresso da Internacional de 1951 e mantinha grande expectativa em relação à ala esquerda do MNR, liderada por Juan Lechín:

> O POR apoiará a ala esquerda em sua luta contra a direita, a ajudará a orientar-se ideologicamente, e pressionará para que avance para posições mais radicais e paralelamente mobilizará

as bases movimentistas para que exijam à direção esquerdista adotar o programa da revolução proletária ... O predomínio total deste setor modificará profundamente a natureza do MNR e permitirá que se aproxime de grande maneira do POR. Só em tais condições se pode falar de um governo POR-MNR.

Tais propostas dividiram o POR. A maioria da direção liderada por Hugo Gonzáles Moscoso e Victor Villegas, alinhando-se com a direção da Quarta Internacional, formou a Fração Proletária Internacionalista (FPI-POR). O grupo avaliava que havia grandes possibilidades de ruptura do governo MNR e o POR deveria passar imediatamente a lutar pelo poder. Assim, seria errado falar de depressão do movimento revolucionário; contrariamente, as massas estariam conservando toda sua vitalidade de empuxo e marchavam velozmente para o poder. Em consequência, a proposta de governo operário-camponês deveria transformar-se em palavra propagandística. O POR deveria se colocar à frente dessa luta desenvolvendo uma colaboração estreita com a esquerda do MNR. O grupo de Gonzáles aglutinou a maioria do partido e ficou com o controle do periódico oficial do POR, *Lucha Obrera*. Porém, um grupo de militantes divergiu dessa orientação e, liderado por Guillermo Lora e Edwin Moller, organizou-se em torno do novo jornal *Masas* para defender suas posições:

> Com referência ao MNR somos um partido minoritário, ainda que as circunstâncias se apresentem cada dia mais favoráveis para mudar este estado de coisas. Partindo desta realidade, estamos obrigados, antes de tudo, a realizar os trabalhos que nos permitam arrastar as massas atrás de nós. Se não queremos ser envolvidos pelos acontecimentos, temos de descobrir a ponte que nos permita penetrar no seio das massas para conquistá-las. Os planos de tomar o poder à costa das massas são putchismo ... Quando nos dizem que as massas têm de capturar o poder sem o partido, como marxistas temos de perguntar: que partido político tomará em suas mãos esta tarefa?

Os capituladores sustentam que a ala esquerda do MNR, depois de dar-se um programa e uma direção nacional, cumprirá tal função. (*Defensa del POR*, outubro de 1954)

Para o grupo, avaliar que era possível a tomada imediata do poder contornando as fraquezas e a necessidade de fortalecimento do POR e ignorando a ampla hegemonia de que desfrutava o MNR significava negar ao POR um futuro papel dirigente na revolução.

A divisão dos trotskistas favoreceu a consolidação conservadora promovida pelo MNR. O principal núcleo divergente de sua política nas organizações de massa enfraquecia-se dividido. Além disso, por força de pressões econômicas e políticas, importantes quadros poristas aderiram à ala esquerda do MNR, como Edwin Moller, Ernesto Ayala Mercado e o líder camponês José Rojas. Nos preparativos para o 1º Congresso da COB a ala esquerda da revolução estava extremamente fragilizada para desempenhar um papel relevante que ameaçasse a estratégia do MNR.

O 1º Congresso da COB

A COB foi a criação política que expressou com mais clareza as características de ruptura institucional da revolução boliviana. Se o governo do MNR não criara nenhuma nova instituição política, pelo contrário, buscava sua legitimidade no passado, a COB foi o verdadeiro produto do movimento revolucionário das massas. Carregava a experiência e as limitações do passado do movimento sindical e era agora submetida às pressões da nova situação. Com a nacionalização das minas e a crescente ação do governo estadunidense sobre a cúpula do MNR, a COB passou por grandes transformações em suas disposições políticas iniciais.

As características do movimento sindical boliviano, politizado e radicalizado, contraditoriamente, facilitaram sua incorporação ao aparelho de Estado e seu controle político pela cúpula pequeno-burguesa do MNR. Isso se deu de várias formas: integração ao movimento difuso e multiclassista do partido governante, burocratização por intermédio de relações clientelistas, distribuição de favores e corrupção generalizada e perseguição sistemática aos adversários políticos.

O fenômeno que denominamos burocratização, passível de ser caracterizado também como estatização da COB, progrediu de forma paralela ao refluxo do movimento de massas, à fragmentação política e organizacional do POR e à crescente influência do governo dos Estados Unidos nas questões domésticas bolivianas. A luta política no interior da COB foi longa e permeada de lances políticos contraditórios e violentos. Desde o princípio, o POR tornou-se o principal obstáculo ao disciplinamento político da COB, tendo, por isso, suportado mais pressões políticas. A sobrevivência do POR e sua atuação com grande desenvoltura no interior da COB em seus primeiros meses se deveram em grande parte à trajetória política anterior do partido, que consolidara relações de confiança entre seus militantes e as massas operárias de mineiros. As iniciativas do POR davam-se, além disso, no momento de tensas relações dos sindicalistas do MNR com a cúpula pequeno-burguesa do partido, o que naturalmente aproximava os poristas dos sindicalistas emenerristas. Por outro lado, o POR beneficiou-se nesse momento da juventude inexperiente do PCB e do desgaste do PIR entre os operários.

O cogoverno COB-MNR atuou em sentido contrário à independência do movimento operário e ao desenvolvimento de um poder paralelo fruto da revolução de massas. Antonio Garcia destacou acertadamente o fato de que o velho aparelho de Estado da oligarquia continuava a funcionar mesmo após a revolução:

> as forças revolucionárias distraíram seu poder na ocupação do velho aparato estatal, reabilitando-o com seiva nova. Neste ponto localiza-se o princípio das distorções do processo revolucionário.

Embora a cúpula do MNR contasse com simpatias entre os principais dirigentes sindicais, a COB, por outro lado, era utilizada pelo grupo de Lechín e pela esquerda do MNR como fonte de poder político na luta interna do partido, o que também colaborava para dar um caráter instável à relação COB-MNR. A cúpula do MNR teve de aceitar incorporar a COB ao governo uma aposta de risco que, por outro lado, era necessária para controlar a revolução, o que a obrigou inicialmente a realizar concessões com as quais a princípio não concordava.

Um grande obstáculo para controlar o movimento operário era o poder armado da COB. A existência de milícias armadas e controladas pelos sindicatos, contra a posição de Paz Estenssoro de reorganizar o Exército, era sintoma das dificuldades do MNR em controlar plenamente os movimentos sociais. As milícias operárias controladas pela COB asseguravam um grau de independência ao movimento sindical intolerável e perigoso para o núcleo dirigente do MNR. A rearticulação do Exército com apoio e orientação do governo estadunidense esteve ligada diretamente à necessidade de controlar o poder das milícias e desarticular o perigo de radicalização socialista da revolução. Depois de no início se posicionar contrário à reorganização do Exército, Lechín terminou por aceitá-la. No apogeu de seu poder as milícias agrupavam entre 50 e 70 mil homens armados contra os 8 mil soldados do Exército reconstituído.

Ao longo de 1953, a consolidação do aparelho estatal em mãos do MNR, aliada ao refluxo do movimento operário, modificou a correlação de forças no interior da central sindical. A nacionalização das minas e o controle operário individual, nos termos em que foram realizados, permitiram o fortalecimento dos setores burocráticos do movimento sindical e na COB como um todo. A estrutura organizacional da COB nos primeiros meses terminou por facilitar a cooptação de seus dirigentes. A Confederação funcionava na forma de uma democracia de massas fluida, em que não se estabeleciam com clareza mandatos e responsabilidades precisas de seus dirigentes. As definições sobre as instâncias, os estatutos e a organização da COB foram postergadas para 1954. Tais instabilidade e fluidez internas dificultavam que os chamados ministros operários da COB e diferentes dirigentes sindicais incorporados ao Estado fossem de alguma forma controlados por suas bases sindicais. A democracia, nesse sentido, era limitada, pode-se falar de democracia em termos de pluralidade de frações políticas aceitas em seu interior, mas, se for adotado o critério de controle e participação da base, os sindicatos e a Central eram pouco democráticos e foram burocratizados com facilidade. Essas características de organização da COB também diluíram e afastaram a pressão camponesa sobre os órgãos de decisão da Central em 1953, mecanismo que poderia ter funcionado como contrapeso às pressões institucionais.

O POR era visto como grande ameaça ao regime, já que controlava politicamente metade do comitê nacional da COB. Embora grande parte das dificuldades do partido se devesse às suas próprias limitações políticas e organizacionais, não podemos ignorar que ele suportou uma sistemática perseguição do MNR desde princípios de 1953, que acirraram seus problemas. Os incidentes foram se multiplicando e crescendo em intensidade. Em março de 1953 a Federação Departamental dos Trabalhadores de La Paz ameaçou se desfiliar da COB caso Edwin Moller e Victor Villegas, dirigentes do POR, não fossem expulsos da Confederação. Logo depois teve início uma longa batalha para desalojar o POR do controle da Central Departamental de Santa Cruz, o qual vinha permitindo ao partido ter assento permanente no comitê nacional da COB. A COD Santa Cruz, embora composta por 36 sindicatos e duas federações sindicais, foi acusada de ser entidade fantasma. Nos meses seguintes multiplicaram-se, mediante prisões, criação de sindicatos fantasmas e intervenção de enviados de La Paz, os mecanismos para destruir a maioria conquistada pelo POR. Em meados de 1953 a COD foi tomada por um grupo armado do MNR, ferindo quatro pessoas. Em dezembro de 1953 uma assembleia mineira em Llallagua recebeu uma proposta de prisão dos militantes poristas, que, embora rejeitada (*Lucha Obrera*, dezembro de 1953), era sintomática do grau de beligerância contra o partido. Em 1954, os principais militantes e dirigentes do POR não cooptados pelo MNR encontravam-se atrás das grades, muitos eram fugitivos ou atuavam já na clandestinidade.

O 1º Congresso da COB só se realizou em outubro de 1954 e foi marcado pelo pleno controle do MNR. O atraso, já que a fundação da Central havia ocorrido em 1952, ligava-se ao propósito do governo de ter sob absoluto controle as delegações de base. Foram necessários, assim, dois anos para eliminar os focos de resistência e oposição à direção política do MNR. Ajudas e apoios financeiros aliciaram e conquistaram lideranças sindicais locais. Houve um processo prévio de seleção e exclusão de delegações que pudessem se posicionar de maneira independente ou até contrária ao MNR. O Congresso foi composto por 310 delegados, sessenta representantes da Federação dos Mineiros, 177 dos operários fabris, 56 delegados de "classe média" e apenas cinquenta camponeses limitados por um critério especial que distorcia seu peso político e numérico na sociedade boliviana.

Os debates e as resoluções foram marcadamente distanciados das Teses de Pulacayo, reconhecidas até então como base teórica e programática do movimento sindical boliviano. As resoluções afirmaram a total identidade de interesses entre a COB e o governo e descartavam qualquer polarização de classe:

> A cota cada vez maior de Ministros Operários (ampliada para cinco), a aplicação do controle operário, os trabalhos coexecutivos e colegislativos da COB e os congressos sindicais, mostram que nossa revolução é uma revolução popular antes que democrático-burguesa ou proletária.

Indo mais além, tenta-se apresentar a COB como parte da própria estrutura de Estado, um parlamento popular independente que integra o governo:

> Enquanto as classes trabalhadoras utilizam o poder para empurrar a revolução, enquanto os congressos operários mantiverem sua qualidade de Parlamentos Populares no sentido exato da palavra, não se pode apreciar como colaboracionismo de classes sua atual participação no poder (COB, Programa Ideológico y Estatutos de la COB, outubro de 1954).

Juan Lechín, em quem muitos militantes e dirigentes do POR depositaram durante longos anos muitas esperanças, abriu o Congresso procurando estabelecer um claro distanciamento dos partidos de esquerda e reafirmando a estratégia de colaboração e aliança de classes do MNR:

> Nossa revolução foi uma autêntica revolução popular e, em consequência, não foi nem burguesa nem proletária. Em primeiro lugar porque na Bolívia a burguesia, por sua insipiência e por seu oportunismo, não atuou ao lado do movimento popular; em segundo, porque os operários não foram a única força que participou das lutas de abril. Seus próprios objetivos eram de corte bem mais popular que proletário e até, se se quer, burgueses. (citado por Cajías, p.179)

A crise e o enfraquecimento do POR facilitaram que o Congresso transcorresse sem surpresas para o núcleo partidário dirigente. O fato marcante foi que o Congresso contou ainda com o experiente setor de sindicalistas egressos do POR e liderados por Edwin Moller, recém-incorporado à ala esquerda do MNR. Moller, que rompera com Guillermo Lora para ingressar no MNR às vésperas do encontro, foi eleito secretário de Organização do Comitê Executivo Nacional da COB. Em dois anos, o partido que protagonizara os principais atos e documentos originários da COB viu a maioria de seus sindicalistas ser absorvida pelo aparato burocrático e estatal controlado pelo MNR. O 1º Congresso da COB inverteu as tendências que se verificaram quando da fundação da Central em 1952. De expressão do poder da classe operária e do movimento revolucionário de massas projetado desde abril de 1952, a COB em 1954 estava docilmente incorporada e controlada pelo MNR. O enfraquecimento do movimento sindical permitiria em 1956 a implantação de medidas econômicas draconianas, sob supervisão direta do FMI e do governo estadunidense, e, em paralelo, o início de uma reação independente do movimento operário.

Os Estados Unidos e a contrarrevolução

A revolução de 1952 ocorria precisamente no momento em que os Estados Unidos estabeleciam seus mecanismos de hegemonia no pós-guerra. Tal é o quadro que define as iniciativas que no princípio os Estados Unidos tomaram em relação à Bolívia, caracterizadas basicamente por ajudas econômicas intercaladas por pressões políticas. Essas iniciativas refletiam, por outro lado, um papel ainda incipiente e de consolidação das instituições emanadas de Breton-Woods, o qual não permitia ainda um amplo e completo controle sobre o continente.

O governo estadunidense agiu com habilidade nos primeiros anos da revolução. Ao que parece, estava perfeitamente informado das dificuldades do regime e, em particular, do partido governante para consolidar-se. Na década de 1940 sua diplomacia fora implacável com o MNR que, visto como organização fascista, fora obrigado a se retirar do governo Villarroel. A estratégia diplomática durante a revolução foi, no entanto, completamente diferente em virtude da nova conjuntura internacional. As relações dos Estados Unidos com a América Latina após a Segunda Guerra destacaram três fatores básicos: 1) os interesses políticos e militares da Guerra Fria; 2) a garantia de investimentos privados nos vínculos comerciais; e 3) a concessão de créditos governamentais da Agência Interamericana de Desenvolvimento (AID) ou de bancos como o FMI e Banco Mundial.

A pressão política e econômica do governo dos Estados Unidos durante esse período foi um dos fatores centrais e decisivos que impediu que a revolução se radicalizasse para uma plataforma de ação de conteúdo socialista e auxiliou a recomposição burguesa conservadora de modo a neutralizar e conter os operários e os camponeses mobilizados. Essa mudança da diplomacia foi motivada basicamente pelos seguintes fatores: a existência de um centro pragmático no MNR liderado por Paz Estenssoro, que, se apoiado, poderia vir a ser um estabilizador político e conter a extrema esquerda, que então tinha possibilidades de chegar ao poder. Em segundo lugar, o posicionamento do governo MNR logo após a tomada do poder, já demonstrando ao governo estadunidense a disposição de caminhar nessa direção. Assim, as pressões são exercidas de tal forma que ao governo do MNR só restavam duas opções: aceitar os radicais ou a colaboração dos Estados Unidos (Sanders, 1976).

As características aparentemente contraditórias das iniciativas políticas do governo MNR em seus primeiros meses expressavam um equilíbrio de forças (dualidade de poderes) que posteriormente decidiu-se em favor do setor conservador do MNR. Foi um momento dinâmico em que a hegemonia do MNR a partir do final de 1953 permitiu negociar concessões econômicas ao imperialismo estadunidense. Dessa forma, intermediando dois polos de pressões sociais contraditórias: as mobilizações de massas, de um lado, e as pressões econômica dos Estados Unidos de outro, erigiu um breve interregno bonapartista que impediu a ruptura revolucionária. Desde o princípio a posição de Paz Estenssoro foi clara em favor de uma relação que preservasse a revolução de um rompimento com os Estados Unidos. Colocou-se nesse sentido contra os instintos mais profundos que moviam o movimento revolucionário de 1952, voltados para a revolução anti-imperialista que traria a soberania nacional e a plena democratização do país.

No outro polo social, conforme já analisamos, a pujança inicial da COB e do movimento sindical era contida pouco a pouco pelas pressões econômicas e políticas que a ala conservadora do MNR exercia, do aparelho de Estado, sobre os setores sindicalistas do partido. Os sindicatos camponeses eram incorporados como parte das engrenagens no Ministério de Assuntos Camponeses. A desarticulação do POR nesse mesmo período se relacionava com tais mesmos fatores.

A situação da economia boliviana teve grande importância nas decisões e nas opções políticas adotadas pelo governo, pois a economia, em 1952, era altamente dependente em relação aos Estados Unidos, para onde se dirigiam 66% de suas exportações e de onde provinham 41% de suas importações. Do total da dívida externa do país, cerca de 60% eram com os norte-americanos. A extrema fragilidade e dependência da economia boliviana também eram devidas ao fato de que 97% dos produtos exportados em 1952 eram compostos por minerais, sujeitos a flutuações e manipulações dos mercados internacionais (Pando, 1984, p.78-80).

O alinhamento ideológico do regime com os Estados Unidos correspondeu ao fortalecimento e à rearticulação da nova burguesia que se beneficiava da crise econômica desencadeada após 1952. Tentando enfrentar a situação de descontrole inflacionário, o governo decretou o primeiro plano de estabilização econômica em maio de 1953, refletindo um claro alinhamento com as diretrizes liberais. As principais medidas do Plano de Estabilização foram a fixação da paridade fixa do peso boliviano com o dólar e o congelamento dos salários depois de um pequeno aumento. A crise econômica, porém, em vez de ser contida, se generalizou. O violento processo inflacionário foi inicialmente combatido com a adoção de câmbios diferenciados que deveriam baratear produtos alimentícios, mas terminaram por incentivar uma rede de corrupção entre os quadros dirigentes do MNR. Esse período assistiu a uma violenta corrosão salarial e ao crescimento de uma burguesia parasitária em torno do aparelho de Estado.

Uma demonstração clara das intenções e dos objetivos políticos que moviam as ajudas estadunidenses e do grau de comprometimento da cúpula do MNR foram as palavras de Richard Patch, na época assessor econômico do governo dos Estados Unidos:

> Na Bolívia, a raiz do dilema tem sido o fato de que o programa de ajuda econômica de tipo habitual não pode provocar a estabilidade política e econômica num país que está atravessado pela revolução social, exceto pela desaceleração ou pela cessação desta revolução ... de 1952 a 1956, a ajuda norte-americana foi, quase certamente, um instrumento capaz de manter a ala moderada do MNR no poder ... Assim, a política de ajuda dos EUA deve tornar-se flexível o bastante para conciliar as condições de estabilidade econômica com um governo moderado em um quadro revolucionário. (Patch, s.d., p.149)

Um exemplo da relação estreita entre os financiamentos e seus fins políticos deu-se no âmbito da reforma agrária. Os Estados Unidos concediam empréstimos agrícolas desde que estes fossem direcionados para a região colonizada de Santa Cruz, onde se desenvolve uma agricultura baseada em empresas agrícolas de alta rentabilidade. Para as regiões do Altiplano e Vales esses recursos eram vetados. No médio prazo essa orientação fez surgir na região de Santa Cruz uma nova e poderosa burguesia agrícola que desestabilizou os tradicionais centros políticos de poder do país e esteve na origem do golpe militar de 1964.

À medida que o movimento revolucionário era desarticulado, as ações dos Estados Unidos iam se tornando mais incisivas. As ajudas econômicas, que inicialmente resumiam-se à remessa de alimentos, transformaram-se em interferência direta sobre a vida econômica do país. Com auxílios econômicos, financiamentos, conselhos, pressões, a influência foi se consolidando, bem como se consolidou a ala moderada no poder, além de fornecerem uma base material para a corrupção do movimento social. A política econômica desenvolvida pelo governo MNR, que de início refletia as pressões do movimento revolucionário, foi progressivamente se liberalizando e afastando-se de suas inspirações nacionalistas. O que no princípio configurava-se como estatização dos setores básicos da economia, como base para o desenvolvimento nacional, foi sendo substituído pela liberalização econômica, enfraquecimento do setor estatal e apoio crescente à economia privada.

De 1952 a 1956 verificaram-se importantes mudanças. O mercado paralelo e a especulação desorganizavam a economia. Assim, em agosto de 1956, Paz Estenssoro nomeou uma Comissão de Estabilização supervisionada pelo FMI e tendo à frente o assessor norte-americano George Eder. A implantação do Plano Eder tinha um significado político importante, atestando que o impulso revolucionário de abril de 1952 fora desvirtuado. Os delineamentos do novo plano econômico tinham um claro viés monetarista, que privilegiava a austeridade orçamentária em detrimento do desenvolvimento econômico.

De fato, 1956 foi o ano que cristalizou, de forma explícita, a reorientação da trajetória da revolução iniciada em abril de 1952, particularmente com o governo de Hernan Siles Suazo (1956-1960), eleito na primeira votação com sufrágio universal, com 82% dos votos. Como contrapartida aos auxílios econômicos, o governo boliviano teve de pagar um alto preço. Com o enfraquecimento das mobilizações revolucionárias, o FMI retomou as pressões para o governo saldar os débitos atrasados. Além de indenizar todos os grandes mineradores, o MNR retomou o pagamento de dívidas com os Estados Unidos, pendentes desde 1931. Esse conjunto de medidas de estabilização econômica chocava-se com os interesses dos operários e camponeses.

O Plano Eder era um verdadeiro ataque à economia popular e se beneficiava de um movimento sindical ainda entorpecido pelo cogoverno COB-MNR: previa o corte de 40% dos gastos governamentais, cortes de subsídios e controle de preços da cesta básica, aumento de impostos e congelamento de salários por um ano. Assim, por meio da Comissão de Estabilização, os Estados Unidos praticamente assumiam o controle administrativo direto sobre a economia do país. Em 1961, o Plano Triangular seria de uma ousadia muito maior, refletindo já a plena consolidação e recomposição das instituições imperialistas no país.

O refluxo revolucionário prosseguia e ainda em 1956 o governo do MNR promulgou um novo Código do Petróleo que, depois de quinze anos de controle estatal, reabria a exploração para empresas estrangeiras. Além de indicar uma clara reorientação das propostas originais defendidas pelo MNR, o Código era um reflexo direto das pressões dos Estados Unidos que ganhavam força e se aproveitavam da delicada situação financeira do país. A passos rápidos, grandes empresas petrolíferas estadunidenses dividiram o território boliviano (Alexander, 1961, p.172-80). Socialmente esse conjunto de medidas reforçava a estrutura material para uma recomposição, sob novas bases, da burguesia e da pequena burguesia. Por outro lado, a classe operária era enfraquecida e desorganizada do ponto de vista econômico.

O governo dos Estados Unidos foi particularmente ativo em influir de modo direto na reconstituição do Exército boliviano, em contraposição às milícias operárias e camponesas organizadas pela COB, sendo um complemento no processo de retomada, pelo governo, de seu poder de coerção. Para tornar menos traumática a presença militar, ao Exército foram atribuídas "missões cívicas", como o auxílio à construção de estradas, implantação de colônias camponesas e outras atividades que no médio prazo resultaram na despolitização e cooptação de grande parte do movimento camponês pelos setores militares.

Tais iniciativas, nitidamente reacionárias em relação aos delineamentos iniciais da revolução, foram coerentes com o decidido compromisso da direção do MNR de desbaratar o setor revolucionário por meio de uma firme aliança com o governo dos Estados Unidos. A retórica anticomunista da cúpula do partido encaixava-se no quadro da Guerra Fria, então em plena vigência e consolidação. A autoridade e a imagem revolucionária de que desfrutava o MNR entre a população boliviana, reforçadas pelas expressivas ajudas financeiras e pela rede de corrupção e clientelismo que rapidamente tomou conta dos dirigentes sindicais e camponeses, fecharam as portas do poder para a esquerda revolucionária. As novas medidas do governo, contudo, provocaram a reação do movimento operário. No final de 1957 a FSTMB aprovou uma resolução por aumento de salários, fim do cogoverno com o MNR e repúdio ao plano Eder. A administração Siles tentou tirar proveito da divisão dos sindicatos para criar uma rede clientelista que contrabalançasse a crescente oposição das bases mineiras. A greve dos mineiros de fevereiro-março de 1959 foi a melhor demonstração de que a política de Siles não obtivera resultados. Os líderes nacionais mineiros ligados ao MNR, como Lechín, buscaram remediar a situação de conflito e perderam espaço. O comitê independente de greve era dirigido por César Lora do POR-Masas, que retomava um lugar mais ativo.

Nas eleições de 1960 Paz Estenssoro apresentou-se novamente candidato a presidente tendo como vice Juan Lechín. A nova gestão foi marcada por maior fortalecimento dos laços com os Estados Unidos, traduzido pela aplicação do Plano Triangular a partir de 1961, que consistia em ajuda para reorganizar e financiar a Comibol ao custo do fechamento de várias minas e da demissão de 20% dos funcionários. O esperado conflito ocorreu em meados de 1963. Lechín fora afastado da vice-presidência do país enquanto estava em Roma. O PCB e o POR-Masas dirigiam os principais sindicatos mineiros. Os acampamentos foram ocupados militarmente e os principais dirigentes, presos, como Federico Escobar do PCB, ou demitidos, como César Lora. A greve afastou de modo traumático a FSTMB e a COB do MNR. Lechín liderou os movimentistas da COB na formação de um novo partido – o PRIN. Perdidos os principais laços com a classe operária, o MNR aproximou-se ainda mais do setor militar e dos Estados Unidos.

A revolução boliviana foi a primeira revolução de massas da América Latina liderada pelo movimento operário. Esse acontecimento, aparentemente contraditório com o pouco desenvolvimento industrial e o reduzido peso numérico do proletariado mineiro, deve-se, como já mencionamos, ao caráter desigual e combinado da formação histórica do país. Os limites políticos e econômicos em que a revolução se conformou relacionaram-se sobretudo a fatores externos associados à dinâmica dos grupos políticos e setores sociais nacionais. Por um lado, destacamos a complacência inicial do núcleo dirigente do MNR com a crescente interferência estadunidense, que levou seu reformismo nacionalista a regredir rapidamente à medida que o colaboracionismo aumentava. Esse processo esteve ligado à necessidade de romper com o caráter independente e revolucionário do movimento de massas e permitir uma rearticulação burguesa subordinada aos Estados Unidos. Por outro, a revolução demonstrou que o MNR desde o princípio procurou anular as contradições de classe que a revolução aprofundava.

As estruturas políticas e sociais do país estavam marcadas essencialmente pela penetração e interferência do capitalismo imperialista, que conduziu à formação de uma estrutura econômica dependente, desigual e combinada. No entanto, uma particularidade importante da Bolívia foi a preponderância do setor minerador-exportador, extremamente monopolizado e subordinado ao imperialismo, sobre as oligarquias do campo e da cidade, as camadas da pequena burguesia e a grande massa indígena camponesa e operária. Tal particularidade conduziu à constituição de um Estado, tanto do ponto de vista político quanto do econômico, muito dependente dos grandes magnatas mineradores. Mais do que isso, a Bolívia constituía um caso extremo de economia de enclave, monoprodutora e governada por um Estado que não ia muito além do papel de agência intermediadora dos negócios de três grandes mineradores.

As reações políticas e sociais de mais destaque nessa conjuntura, principalmente após a crise de 1929, foram de início muito semelhantes ao ocorrido em outros países do continente. Dissensões e formação de novas forças políticas e sociais nacionalistas e reformistas, provindas sobretudo da pequena burguesia urbana; concentração e organização política do operariado; urbanização e diversificação de estruturas econômicas. No entanto, no caso boliviano, alguns desses traços foram mais diferenciados. A Guerra do Chaco, de 1932 a 1935, provocou uma crise institucional com consequências sociais profundas. Posteriormente, durante a Segunda Guerra Mundial, a recuperação parcial da mineração conquistada no final da década de 1930 foi em boa medida anulada. Porque, embora a produção aumentasse, os preços subsidiados dos minérios vendidos aos Estados Unidos impediram qualquer acumulação interna e maior diversificação econômica, o que acirrou tensões políticas e econômicas já latentes. O polo contraditório e principal consequência desses acontecimentos foi o crescimento do operariado mineiro, que rapidamente se organizou e se politizou na década de 1940 do século XX sob marcada influência do POR.

Em abril de 1952 eclodiu na Bolívia uma revolução anti-imperialista pelo sentido de suas ações e propostas iniciais, as quais foram capazes de galvanizar amplas camadas das populações camponesas e setores da pequena burguesia urbana sob a direção operária. Todavia, essas perspectivas iniciais não puderam se consolidar como projeto hegemônico por causa da crise da principal vanguarda política da revolução, o POR trotskista, e das pressões internacionais estadunidenses a que o movimento foi submetido. O ano de 1952 revelou na Bolívia não os últimos traços de uma burguesia revolucionária latino-americana, mas o primeiro grande momento de participação da classe operária latino-americana como vanguarda dos processos revolucionários do continente. As referências históricas desse momento permaneceram e marcaram o próximo período histórico. A classe operária boliviana e o conjunto dos movimentos sociais organizados buscariam em 1952, no balanço de acertos e fracassos, referências para resistir e tornar viável uma alternativa revolucionária aos governos militares.

4. A Comuna de La Paz e a herança de 1952

O período de governos do MNR alçados com a revolução de 1952 terminou com o golpe de Estado de novembro de 1964, liderado pelo general René Barrientos, egresso das fileiras do próprio Movimento. A Revolução Cubana e a desestabilização econômica internacional fecharam as portas para oscilações reformistas e nacionalistas na América Latina. O MNR tornava-se um obstáculo, com sua base social instável e sua crescente incapacidade de controle das mobilizações de massa. A COB retomava sua combatividade original e nos centros mineiros fervilhava nova militância revolucionária.

O reordenamento econômico do capitalismo, por outro lado, implicava a retomada de conquistas sociais das classes trabalhadoras e elementos de soberania nacional obtidos no período pós-Segunda Guerra, conjuntura na qual a revolução de 1952 fora um caso exemplar. Na Bolívia o processo de contenção das mudanças já estava em curso pelo menos desde 1956, mas não fora suficiente. O regime do general Barrientos e sua política econômica correspondem ao aprofundamento dessa perspectiva, impondo ao país uma guinada quase sem limites em favor dos interesses dos Estados Unidos e dos grandes proprietários.

Entre as primeiras medidas tomadas por Barrientos, foi ressuscitada a Constituição de 1945, escrita sob o domínio das oligarquias do estanho, o que sinalizava o início de um período de reação violenta contra os movimentos sociais organizados. Os decretos de maio de 1965 reduziram em 40% o salário dos mineiros e reorganizaram a Comibol. A reação dos trabalhadores não tardou. Eles saíram às ruas e iniciaram uma combativa greve geral que se irradiou dos centros mineiros para La

Paz. Porém, novas medidas repressivas são adotadas em junho, proibindo reuniões sindicais e discussões políticas nos locais de trabalho (Sandoval Rodrigues, 1970, p.253-4). A resistência dos mineiros foi retomada em 18 de setembro, quando cerca de duzentos trabalhadores atacaram a sede da polícia de Llallagua com dinamite para pegar armas. O Exército deslocou-se para reprimi-los e houve enfrentamentos que resultaram em 82 mortos e duzentos feridos (Iriarte, op.cit., p.151-2).

Várias lideranças políticas foram perseguidas, presas e exiladas. Juan Lechín, apesar de inicialmente ter apoiado o golpe, fugiu para o Paraguai. Milhares de mineiros foram demitidos e as tropas militares passaram a ocupar de forma permanente as minas, até então os núcleos principais de resistência e mobilização oposicionista. A COB, os sindicatos e os partidos de oposição foram postos na ilegalidade. A sede da COB foi ocupada pelo Exército e a proibição de greves, decretada. A partir de 1966 nas minas ocupadas e fábricas organizaram-se sindicatos clandestinos sob duríssimas condições (Barros, 1980, p.102-3).

O apoio dos Estados Unidos tornou-se explícito nas eleições de 3 de julho de 1966 que, sob o peso da repressão e destinadas a legitimar a ditadura militar, foram respaldadas pela OEA. Um grupo de partidos de esquerda articulou-se como Consejo Democratico del Pueblo (Codep) e lançou um manifesto em 31 de dezembro de 1965 prometendo "lutar contra a opressão militar e com o propósito de conseguir o exercício pleno da democracia". Composto por PRIN, MNR (setor Alderete), PCML, grupo Espártaco e POR-Vargas concita à abstenção nas eleições. Barrientos, porém, é proclamado presidente, apoiado pela Frente da Revolução Boliviana. O governo destaca o "caráter democrático e livre do pleito", tendo sob os pés exílios, prisões e assassinatos de adversários políticos.

As mobilizações dos mineiros foram retomadas em 1967, ocorrendo no mesmo período em que Che Guevara agia no país. De março a outubro desse ano a guerrilha combate na região oriental da Bolívia. Do ponto de vista militar, suas forças ofereciam pouco perigo, pois contavam com apenas 52 combatentes isolados, dentre os quais poucos lograriam sobreviver. Che Guevara foi capturado em 8 de outubro e assassinato em 9 de outubro de 1967[1] (Baptista G., 1976, p.270; Corbett, 1972, p.54). Os sindicatos mineiros haviam arrecadado fundos para a guerrilha, de acordo com proposta aprovada nas combativas minas de Catavi e Siglo XX. Esses movimentos colocaram em alerta o governo militar. Em 3 de junho de 1967 foi decretada uma greve de 24 horas em Catavi e Siglo XX. Um trem foi tomado e lotaram-se dez vagões, interceptados no caminho. Os mineiros decidiram se dirigir para a mina de Huanuni, onde declararam os distritos mineiros "territórios livres". A euforia contagiou o movimento e dirigentes clandestinos dos mineiros prepararam uma reunião para os dias 25 e 26 de junho a fim de discutir uma pauta de reivindicações (Iriarte, op.cit., p.155-6 e 159).

O alto-comando militar decidiu preparar um ataque surpresa para impedir a mobilização em andamento e aterrorizar os trabalhadores. Como narrou Gregorio Iriarte:

> A noite de San Juan, com seus tradicionais fogos, abundantes ponches e alegres danças populares, oferecia, segundo os incautos estrategistas militares, "condições táticas privilegiadas", para que seu plano maquiavélico saísse com perfeição ... Siglo XX converteu-se, como por arte diabólica, na antessala do inferno. Sem que ninguém entendesse, o acampamento estava envolto em um espantoso tiroteio e a arma de cada soldado vomitava rájagas de morte em qualquer direção. (p.157)
>
> ... No morgue do hospital de Catavi jaziam, estendidos no solo, os novos heróis anônimos. Desta vez o preço do estanho não havia sido cobrado com o preço do sangue dos aguerridos

---

[1] O ELN continuaria atuando. Em 1968 lançou um documento intitulado "Voltaremos às montanhas". Mas no ano seguinte Inti Peredo, seu principal dirigente, foi capturado e morto sob tortura, o que desarticulou por um longo período o ELN. (Entrevista com Antônio Peredo, La Paz, 17.07.2001)

mineiros; era o povo mesmo, representado por suas classes mais humildes, quem havia pagado um saldo terrivelmente caro e doloroso ... um total de 26 vítimas, a lista de feridos passava dos oitenta. (p.161)

Paralelamente às ações contra os trabalhadores desenvolveu-se ampla abertura da economia nacional aos capitais estrangeiros e novas concessões de exploração de jazidas minerais foram transferidas às multinacionais. Em 1967 o regime aderiu formalmente ao FMI e em fevereiro de 1968 foi permitida a exportação de gás pela Gulf Oil, multinacional estadunidense. Nesse mesmo ano as empresas mineiras privadas já representavam 24% da produção mineral do país. Em 1969 os bancos dos Estados Unidos já controlavam 58% dos depósitos financeiros nacionais. No período entre 1965 e 1968, enquanto os investimentos em capital estrangeiro somavam US$ 27,7 milhões, o capital repatriado chegou a US$ 320 milhões. Em 1968 a empresa de petróleo Gulf Oil controlava 187 milhões de barris de petróleo em reservas diante de 33 milhões da estatal boliviana (Dunkerley, 1987, p.114-7).

O GOLPE DE OVANDO E A REARTICULAÇÃO DOS MOVIMENTOS SOCIAIS

A morte inesperada do general René Barrientos em 27 de abril de 1969, em um acidente aéreo, deixou um vazio político no regime militar boliviano instalado em 1964, ocupado provisoriamente por Siles Salinas, vice-presidente civil. O golpe do general Ovando em 1969 teve o intuito de organizar a retomada das linhas gerais do regime. O golpe representava, por um lado, uma tentativa de reacomodar frações do Exército ainda muito ligadas às bandeiras nacionalistas da revolução de 1952, bem como tentava responder às crescentes pressões do movimento social, à resistência dos setores operários e de outras classes afetadas pelas medidas econômicas do período Barrientos, que começavam a reagir e incomodar. Ovando necessitou, por isso, realizar uma inflexão democrática para em última análise deter e controlar uma retomada das mobilizações sociais parcialmente sufocadas desde 1964.

Ovando manteve o regime militar, porém diferenciou-se de Barrientos em relação às medidas políticas e econômicas de governo. Restabeleceu relações diplomáticas com a URSS e diversos países do Leste Europeu, revogou o Código de Petróleo de 1955 que permitia a exploração de jazidas nacionais por empresas estrangeiras, restabeleceu o monopólio do Banco Mineiro sobre a venda de minérios e nacionalizou a empresa petrolífera Gulf Oil Co. em 17 de outubro de 1969.

No campo político foi aceito o retorno de uma série de lideranças políticas exiladas e a rearticulação dos movimentos sociais. A limitada abertura democrática obtida, mesmo sem qualquer aceno de convocação de eleições, permitia uma, ainda que frágil, rearticulação e recomposição política e organizativa dos trabalhadores (Lazarte, 1989, p.48). As demandas econômicas e políticas represadas afloraram com grande intensidade. O congresso da Federação dos Mineiros realizou-se em Siglo XX de 9 a 14 de abril de 1970 e sua tese final foi cautelosa sobre as medidas de Ovando, caracterizando o momento como um processo democrático limitado:

> O processo de tipo democrático-burguês que estamos vivendo não tem possibilidade de manter-se indefinidamente como tal. Se transforma em socialista ou ... os processos democráticos e nacionalistas, que não forem dirigidos pelo proletariado e transformados num processo socialista, concluirão sempre na frustração e derrota. (*Tesis do XIV Congresso da FSTMB*, Siglo XX, 14.04.1970)

O documento inspirava-se na experiência de 1952, a qual pretendia aprofundar. Exigia a nacionalização de todos os meios de produção e proclamava a necessidade de independência de classe dos operários:

os trabalhadores mineiros rechaçam qualquer possibilidade de se voltar à experiência negativa do chamado cogoverno, que fechou o caminho da classe operária à conquista de todo o poder. (*Tesis do XIV Congresso da FSTMB*, Siglo XX, 14.04.1970)

O 4º Congresso da COB, aberto em La Paz em 1º de maio de 1970, em continuidade ao Congresso dos mineiros, permitiu, depois de quase sete anos de regime militar, reagrupar as forças políticas e sociais oposicionistas até então dispersas. A COB ocupou desde seu nascimento em 1952 um lugar mais amplo que o de uma central sindical, agindo como centro político de sindicatos, organizações operárias e populares. Esse lugar era agora amplificado para além daquele ocupado na época de sua fundação e do seu 1º Congresso em 1954. A central sindical nunca obtivera tal grau de influência política antes, e o novo contexto permitia que a liderança dos mineiros chegasse ao conjunto dos trabalhadores do país e a importantes setores da pequena burguesia. O período repressivo anterior e a herança revolucionária de 1952 direcionavam à COB as massas populares; essas, ao retomarem sua organização tradicional de ação, davam-lhe vida e seiva para mais uma vez agir sobre a história do país. Como destacou Jorge Lazarte:

talvez nem em 1952 a hegemonia mineira houvesse chegado a tal nível de capacidade de interpelação nacional e polo de aglutinação dos setores subalternos.

O marco principal do documento final do Congresso foi uma declaração de independência política do movimento operário, em que rompidas as relações históricas da COB com o MNR, proclamando-se a disposição de fazer da Central a alavanca para uma ampla aliança anti-imperialista na perspectiva do socialismo. A síntese dos debates políticos do congresso expressou-se na iniciativa de constituição de uma "Frente Anti-imperialista", que abriria caminho para a unidade e a aceleração das mobilizações contra a ditadura militar de Ovando:

Para chegar ao socialismo se coloca a necessidade de unir previamente todas as forças revolucionárias anti-imperialistas. A Revolução Popular Anti-imperialista está ligada à luta pelo socialismo, a Frente Popular anti-imperialista é a aliança operário-camponesa e das massas das cidades no plano político. Nela confluem todas as correntes sociais e políticas que lutam por uma mudança de fundo da situação boliviana, com a substituição das estruturas caducas no sentido anti-imperialista e popular. A expulsão do imperialismo e a solução das tarefas nacionalistas e democráticas ainda pendentes farão possível a revolução socialista ... A luta de classes em um país atrasado como o nosso não nega a possibilidade de aliança entre classes não antagônicas, fato que nada tem a ver com a política reformista do colaboracionismo.

A classe operária, para transformar-se em liderança popular, levanta as reivindicações progressistas dos setores majoritários e faz suas as consignas nacionais que dizem respeito a enfrentar a ação subjugadora do imperialismo. (*Tesis Politica de la COB.*)

As jornadas de outubro de 1970 e o governo Torres

À margem do processo central de rearticulação do movimento de massas, os remanescentes do ELN se reorganizam no período do governo Ovando e retomam a iniciativa da luta armada. Tratava-se de um grupo de jovens radicais que se incorporou ao ELN, herdeiro da iniciativa de Che Guevara. Ao todo eram 75 homens, que se embrenharam nas selvas do norte de La Paz, liderados por Chato Peredo, que já lutara com Che em 1967. A iniciativa, isolada e aventureira, foi logo desmantelada pelo Exército. Quase todos foram assassinados, alguns morreram de inanição e poucos conseguiram escapar. A repercussão política, porém, foi grande. Nas universidades ocorreram atos em homenagem aos guerrilheiros mortos em Teoponte. Ovando orientara o Exército a não poupar em nenhum caso a vida dos guerrilheiros. Muitos atribuíam essa ordem ao fato de seu filho ter morrido em um avião, rastreando os guerrilheiros.

A classe operária retomava o lugar de liderança, provocando reações hostis nos setores mais reacionários do Exército e elevando a tensão no interior do governo. Os funerais do cabo Hermógenes Centellos e de oito combatentes da guerrilha de Osvaldo "Chato" Peredo no dia 2 de agosto de 1970 catalisaram as linhas políticas de choque ainda um tanto difusas e precipitaram a crise do governo. Em 4 de agosto Ovando apresentou sua renúncia em um ambiente em que se multiplicavam acusações contra sua excessiva "liberalidade". Seus ministros renunciam coletivamente para que se pudesse compor um novo gabinete de perfil mais conservador. O general Juan Torres, comandante do Estado-Maior e adversário dessa orientação, desapareceu após uma tentativa de prisão. Ele pedia uma consulta popular para avaliar o respaldo do governo e defendia a necessidade de um governo militar alinhado com uma orientação política nacionalista revolucionária, argumentando que esta seria a melhor solução para frear o avanço da esquerda. No dia seguinte, Ovando tentou compor um novo gabinete ministerial, mas a crise do governo prosseguia. No dia 10 ocorreu uma reunião dos comandantes militares em La Paz, sem a presença do general Torres. Em 11 de agosto Ovando compõe novo ministério, dividido, politicamente frágil e mais alinhado com as forças mais reacionárias. A situação, porém, mantém-se instável para o novo gabinete.

Em 20 de agosto ocorreu um sério incidente entre estudantes e a polícia, quando aqueles atacaram o chefe da Força Aérea e membro do alto-comando. Os comandantes militares ficaram furiosos e muitos responsabilizaram Ovando. Seis dias depois uma declaração do general Rogélio Miranda pedia a unidade das Forças Armadas, denunciando *"um clima de convulsão e anarquia, através do ódio fratricida sob pretexto da libertação nacional"*. O mês de setembro foi marcado por conspirações e acusações no governo. Em princípios de outubro de 1970, Miranda desfechou um golpe contra Ovando, mas não conseguiu a rápida adesão esperada. Durante todo o dia 5 de outubro reuniões, trocas de ameaças e comunicados escritos e mesmo um plebiscito de oficiais de uma guarnição de La Paz corroeram a unidade das forças militares. O perigo para as forças da ordem crescia e no dia 6 os generais Ovando e Miranda aceitaram de comum acordo renunciar em favor de um governo tríplice formado por outros três chefes militares – Efraín Ibañez, Fernando Satori e Alberto Albarracín. A divisão, entretanto, abria espaço para a iniciativa das forças políticas e organizações de oposição agrupadas na COB, que trabalhavam por uma alternativa.

No dia 6 de outubro pela manhã ocorreu uma reunião ampliada da COB, concluída com a constituição de um "Comando Político da COB e do Povo", do qual participavam vários partidos políticos agrupados no "Bloco de Partidos Populares": PDCR, POR-Masas, MNR (fração contra Victor Paz), PCB, PRIN, PCML e grupo Espártaco. A disposição política inicial e majoritária que prevaleceu no Comando Político foi de colaboração com vistas à formação de um governo de unidade nacional com o general Juan José Torres (*Declaración del Comando Político de la Clase Trabajadora y del Pueblo,* La Paz, 06.10.1970; *Fedmineros*: 18.10.1970). Essa posição, no entanto, foi combatida pelos setores políticos mais à esquerda, dirigidos pelos trotskistas do POR-Masas de Guillermo Lora, que propunham aprovar um programa mínimo como base para qualquer acordo com Torres, além da formação de um "parlamento operário-popular" como afirmação de independência do movimento liderado pela COB. O documento final, *Programa Minimo de Planteamientos,* é assinado por COB, FSTMB, CUB (Central Universitária Boliviana) e por dezenas de sindicatos e partidos políticos: PRIN, PCB, POR-Masas, PCML (Partido Comunista Marxista-Leninista, de orientação maoísta), MNR, PDCR (Partido Democrata Cristão Revolucionário) e grupo Espártaco:

> Reconhecimento do Comando Político da Classe Trabalhadora, universidade, partidos políticos e do Povo na condição de

Parlamento Operário Popular;

Expulsão do país dos grupos militares e civis fascistas, assim como das missões e agências imperialistas;

Anistia geral e irrestrita para todos os dirigentes sindicais, universitários e políticos anti-imperialistas...

Imediata reposição salarial aos mineiros e melhoria do nível de vida de todos os setores profissionais;

Reestatização da mina Matilde...

Revogação do decreto de indenização da Gulf Oil;

Reposição do controle operário com direito de veto, ampliando-o a todas as empresas do setor público e estabelecimentos privados;

Manutenção das milícias operárias, para resguardar, junto com as forças armadas, os interesses da nação;

Plenas garantias de liberdade sindical irrestrita;

Devolução das rádios operárias...

Respeito à autonomia universitária e participação das universidades nos planos nacionais...

Atenção preferencial à educação profissional com vistas à organização de uma Escola Única;

Aprofundamento da reforma agrária;

Desenvolvimento econômico e social em função da independência nacional, com intervenção das organizações do povo;

Controle fiscal das divisas estrangeiras e monopólio estatal do comércio exterior...

Revolução mineiro-metalúrgica acelerando o estabelecimento de fundições e usinas de refinação de nossos minerais, da petroquímica e da siderurgia em mãos do Estado;

Política internacional independente e estabelecimento de relações com os Estados socialistas;

Moralização da função pública (Programa Mínimo de Planteamientos (*Mandato de las Fuerzas Populares*), (Fedmineros: 17, 1ª sem out. 1970, La Paz, 07.10.1970).

O Comando Político da COB e do Povo decidiu convocar uma greve geral, que ganhou as ruas e mudou o rumo da situação política, que até então se resolvia no interior dos quartéis. Enfrentamentos armados ocorreram em Oruro com dezessete pessoas mortas e mais de setenta feridos. Rádios e jornais começaram a ser ocupados por estudantes e sindicalistas em diversas cidades do país. A greve geral foi decisiva para derrotar o golpe de Miranda, abrindo caminho para uma colaboração política da COB com Torres. Divididos, os diferentes setores golpistas e o governo foram incapazes de impedir o general Juan José Torres de entrar na disputa pelo governo aproveitando-se da situação instável. Ele percorreu as unidades militares de La Paz, foi apoiado por jovens oficiais, conversou com lideranças camponesas e se apoiou na COB para tomar o palácio presidencial no mesmo dia 6 de outubro de 1970. Trata-se certamente de um dos dias mais singulares da história latino-americana, ao longo do qual seis chefes militares foram, por alguma fração de tempo, presidentes do país.

Em 8 de outubro o Comando Político da COB reuniu-se para debater a proposta de integrar o novo governo. Torres aceitara o programa mínimo apresentado pelo "Mandato das Forças Populares" e, buscando reproduzir a experiência da revolução de 1952 e do cogoverno, oferece um quarto e depois metade dos Ministérios à COB. A herança e os fantasmas de 1952 estavam todos presentes, provocando debates longos e acalorados. A COB atuaria como polo de um movimento político independente – a frente anti-imperialista aprovada em seu último congresso – ou seria sustentáculo político de um governo militar de traços nacionalistas e democráticos, repetindo a experiência de 1952? Foi aprovada uma proposta intermediária na qual a COB aceitaria metade dos Ministérios, desde que esses fossem preenchidos por nomes de dirigentes indicados pelas organizações populares e com mandato imperativo passível de ser revogado a qualquer momento.

A solução oferecida não permitia a Torres comprometer, como desejava, os principais dirigentes da COB com seu governo e usufruir do pleno apoio destes. A vitória sobre o golpe de Miranda fora em grande parte produto da greve geral dirigida pela COB e Torres dependia desse apoio para enfrentar os militares adversários. Seu governo expressava desde o princípio um equilíbrio extremo de forças políticas antagônicas, acelerando um reaglutinamento tanto à esquerda quanto à direita do espectro político boliviano. Assim, ao mesmo tempo que os partidos de esquerda, sindicatos e o movimento popular em geral desenvolviam o Comando Político, os militares golpistas e os derrotados partidos de direita passaram a preparar novas iniciativas golpistas.

O governo Torres buscou recuperar a ideologia de 1952 para consolidar seu governo e anular o papel revolucionário que a COB poderia desempenhar. Seu projeto de orientação nacionalista exigia mobilização e respaldo popular para se tornar viável e enfrentar as pressões dos adversários, mas a política independente da COB obstaculizou esse caminho. Destacam-se entre suas principais medidas a nacionalização da Mina Matilde e a ampliação do complexo estanhífero de Vinto, visando a criar um complexo industrial com siderúrgicas de antimônio e estanho. A política externa independente dos Estados Unidos permitiu acordos comerciais com diversos países do Leste Europeu, como Polônia, Bulgária e Checoslováquia, em áreas de cooperação técnica e financiamentos para empreendimentos industriais. Ao propor uma política econômica independente, Torres aprofundou choques com os interesses internos dos empresários já subordinados aos capitais internacionais, os quais trabalharam para derrubar seu governo.

A Comuna de La Paz

Em 11 de janeiro de 1971 o setor militar que se agrupara anteriormente em torno do general Miranda retomou a iniciativa golpista, provocando uma vigorosa resposta do movimento operário e popular. A radicalização política crescia. Dezenas e dezenas de caminhões com mineiros se deslocaram dos centros mineiros e desfilaram armados de dinamites e velhos fuzis *Mauser* por La Paz. A grande passeata concentrou-se em frente ao Palácio presidencial aos gritos de "Socialismo, socialismo".

Faixas pediam *"armas para o povo"*, *"Mina Matilde para o Estado"*, *"Paredão para os inimigos do povo"*, *"Morra o imperialismo norte-americano"*, *"Socialismo"*, *"Os operários no poder"*, *"Morte aos fascistas"* (*El Diario*, 12.01.1971, *La Jornada*, 11.01.1971). A mobilização dos mineiros e a greve geral decretada pelo Comando Político da COB derrotaram o golpe. Torres discursou diante da grande manifestação, recebeu aplausos de milhares de mineiros que levantavam palavras de ordem. Prometeu que "erradicar[ia] de uma vez por todas o fascismo das Forças Armadas" e pediu aos trabalhadores que retornassem aos centros de produção (*La Jornada*, 12.01.1971). A massa mobilizada era um perigo muito evidente para seu governo, que precisava controlá-la para impedir a revolução e ao mesmo tempo preservar as forças militares.

A COB manteve sua independência de ação e no mesmo dia 11 de janeiro realizou uma reunião de emergência de seu Comando Político. A resposta política às tentativas de golpe, à paralisia do governo e às manifestações de massa era ousada: constituir uma Assembleia Popular como órgão do poder operário. Exigia-se de Torres

> o reconhecimento oficial da primeira Assembleia Popular dos trabalhadores e do povo constituída por decisão própria e soberana no dia de hoje. Devendo esta Assembleia contar com a faculdade de iniciativa e fiscalização dos atos do governo.

O documento pedia ainda "armas aos trabalhadores" e o cumprimento do programa do Comando Político (Comunicado del Comando Político de los Trabajadores y del Pueblo. *La Jornada*, 11.01.1971).

A ação revelava que a articulação golpista tinha fortes tentáculos regionalistas concentrados em Santa Cruz, onde um Comitê Cívico agrupava a elite empresarial ligada ao setor agroexportador e aos ganhos da indústria petrolífera (Lavaud, p.272-4). Medidas como a nacionalização da Gulf Oil e a criação da Empresa Nacional de Açúcar, que preparava a nacionalização da indústria açucareira, impeliram esses empresários a abraçar entusiasticamente o golpe como saída para evitar o colapso econômico e a perda de regalias em grande parte financiadas com amplo aporte de recursos públicos.

Torres buscou reagir às pressões da COB. No dia 12 de janeiro ocorreu uma pequena depuração no Exército com a baixa de dezessete oficiais (*El Diario*, 12.01.1971). Outras 150 pessoas foram presas. O general brasileiro Hugo Bethlem, que propusera a invasão da Bolívia pelo Brasil, foi expulso do país nessa ocasião acusado de conspirar com os golpistas. Em 14 de janeiro, como evidente resposta aos golpistas e sobretudo ao movimento de massas organizado, Torres assinou um decreto que criava uma comissão para apresentar projeto de nova Constituição (Decreto Supremo 09542, *Gaceta Oficial de Bolivia*, 541, 15.01.1971). A proposta da Constituinte tentava assegurar a iniciativa do governo como contraponto legal e institucional à ameaça da Assembleia Popular. No entanto, não estava claro qual seria o alcance da Constituinte, se ela iria incorporar a plena redemocratização do país, de que forma e em que prazos. A Assembleia Popular enfatizava, por outro lado, a perspectiva da democracia direta e, em certa medida, ultrapassava e incorporava a exigência da Constituinte soberana com eleições livres e democráticas. A ação independente das organizações da classe operária e de setores populares por intermédio da Assembleia Popular seria uma via para romper com a tradicional saída boliviana dos "cogovernos", superar as limitações dos movimentos de massa para constituir seu próprio poder, as quais ficaram patentes em 1952, e abrir caminho a um governo operário e popular.

O período entre o golpe de janeiro e o 1º de maio de 1971, quando a Assembleia Popular foi instalada, foi marcado por crescente mobilização, com a ocupação de rádios, jornais e mesmo de órgãos da polícia por setores ligados ao movimento sindical e estudantil, constituindo-se em ações diretas que desmoralizavam o governo e fortaleciam a confiança dos militantes. Em fevereiro, grupos de mineiros e estudantes tomaram os escritórios policiais Departamento de Información Criminal (PIC) em Oruro, Potosí e Sucre. Em Cochabamba e Santa Cruz, propriedades da família de Barrientos também foram ocupadas (Dunkerley, op.cit, p.161-2). Ao mesmo tempo, entre os dias 2 e 4 de março uma nova tentativa golpista iniciava-se em Santa Cruz, ainda pouco articulada, a partir de iniciativa da FSB e da Federação de Camponeses dirigida por setores ligados anteriormente ao general Barrientos. O movimento, contudo, foi rapidamente controlado (*La Jornada*, 03.03.1971).

Uma situação de dualidade de poderes estava se configurando com a preparação da Assembleia Popular, o que colocava em questão o governo de Torres, que buscava equilibrar-se oscilando entre as pressões do proletariado e do imperialismo estadunidense representado pelos setores golpistas. Essas características se relacionavam ao caráter inconcluso da unidade nacional e da consolidação democrática do Estado boliviano. O papel secundário, frágil e submisso da burguesia local, de um lado, e o papel ativo desempenhado pelo movimento operário, de outro, davam uma característica desigual e combinada ao desenvolvimento histórico da Bolívia, que colocava a resolução dos impasses de consolidação nacional e democrática nas mãos das forças sociais lideradas pelo operariado.

As atividades do 1º de Maio de 1971 foram um termômetro da crescente organização dos setores que se agregavam em torno da Assembleia Popular. Em La Paz, mais de 50 mil pessoas desfilaram pelas ruas, em uma manifestação apoteótica que durou mais de cinco horas. No caminho, surgiram retratos de Juan Lechín, do general Torres, de Karl Marx e de Che Guevara. Em outras cidades do país o 1º de Maio comprovou um crescimento das mobilizações políticas de massa. A Assembleia Popular foi inaugurada em um ambiente de grande euforia revolucionária (*Última Hora*, 01.05.1971), que relembrou os momentos após a revolução de abril de 1952, quando os acontecimentos mais importantes eram protagonizados por milhares de homens e mulheres mobilizados. Para vários dirigentes da Assembleia havia semelhanças com 1952, pelo menos do ponto de vista do lugar político ocupado pela COB. Tratava-se agora de não desperdiçar uma segunda oportunidade oferecida pela história. Os delegados presentes representavam diversas organizações políticas, sindicais e populares. Na direção dos trabalhos instalou-se o histórico líder dos mineiros bolivianos, Juan Lechín.

A declaração final da Assembleia Popular no Ato do 1º de Maio afirmava que essa se definia como o "órgão de poder da classe operária e das massas bolivianas". Mais do que isso, era uma "frente anti-imperialista revolucionária dirigida pela classe operária", com o objetivo de garantir "o triunfo da revolução boliviana e seu entroncamento no socialismo e na materialização da libertação nacional". Procurando reafirmar independência, a declaração destacava que a existência da Assembleia não era resultado de concessões do governo. Definia-se ideologicamente pelo socialismo e conclamava à unidade da nação: "todos os patriotas têm o alto dever de fortalecer a Assembleia Popular" (Declaración de la Asamblea Popular, 1971.05.01).

A eleição dos delegados para a Assembleia não foi um processo uniforme uma vez que muitas entidades e organizações, depois de anos de perseguições políticas, estavam se rearticulando e recompondo seus quadros e militantes. A composição das delegações não obedeceu a um critério universal, mas foi definida para assegurar a maioria para os setores do proletariado. Assim cada setor teria um número de delegados escolhidos por suas entidades representativas:

Quadro 4.1 Delegações da sessão nacional da Assembleia Popular

Delegações das organizações operárias	Delegados
Comissão Executiva Nacional e Centrais Departamentais (COB)	19
Federação dos Trabalhadores Mineiros (FSTMB)	38
Confederação dos Trabalhadores de Fábricas	24

Delegações das organizações de classe média	Delegados
Confederação dos Trabalhadores em Transportes	17
Confederação dos Trabalhadores da Construção	13
Confederação dos Trabalhadores Farinheiros	4
Federação Nacional de Gráficos	5
Federação Nacional de Petroleitros	12
Confederação Nacional de Bancários	3
Federação Nacional de Professores Urbanos	4
Federação Nacional de Professores Rurais	3
Federação Nacional dos Trabalhadores da Imprensa	2
Federação de Trabalhadores das Telecomunicações	1
Federação Nacional de Empregados Sanitários	1
Confederação Universitária Boliviana (CUB)	5
Federação de Trabalhadores das Universidades	1
Confederação de Gremiais (Trabalhadores informais)	3
Federação de Trabalhadores do Estado	1
Federação de Trabalhadores do Comércio	1
Federação de Trabalhadores da Alimentação	1
Federação dos Empregados do rádio e televisão	2
Federação de Institutos Profissionais	1
Federação de Artistas e Escritores	1
Federação de Trabalhadores Municipais	1
Federação Nacional de Pequenos Comerciantes	1
Federação Nacional de Cinematografistas	1
Confederação Nacional de Profissionais	2
Delegação do Comitê Revolucionário da UMSA	4
Confederação Nacional de Motoristas	8
Confederação de Cooperativas Mineiras	4
Confederação Nacional de Estudantes Secundaristas	1

Delegações das organizações de classe média	Delegados

Delegados das organizações camponesas

Confederação Independente de Camponeses da Bolívia	18
Federação Nacional de Seringueiros	1
Federação Nacional de Cooperativas Agrícolas	3
Federação Nacional de Cooperativas de Colonizadores	1
Movimiento Nacionalista Revolucionario (MNR) (depois revogado)	2
Partido Revolucionario de la Izquierda Nacional (PRIN)	2
Partido Comunista de Bolivia (PCB)	2
Partido Comunistas de Bolivia Marxista-leninista (PCB-ML)	2
Partido Obrero Revolucionario (POR-Masas)	2
Partido Democrata Cristão Revolucionario (PDCR)	2
Movimiento Revolucionario Espartaco	1

O fato de a ampla maioria dos delegados expressar mandatos sindicais e populares não diluiu a presença dos partidos. Aqueles que apoiavam a Assembleia tiveram direito de escolher seus representantes de forma igualitária. Uma enquete jornalística realizada na época demonstrava também a simpatia partidária dos delegados eleitos:

> MNR: 53 militantes
> PRIN: 28 militantes
> PCB: 26 militantes
> PCML: 17 militantes
> Partido Socialista: 13 militantes
> MIR (Espártaco e PDCR): 13 militantes
> FSB: 8 militantes
> POR-Masas: 8 militantes

Independentes (não declararam militância em partidos): 46 delegados

Total de 212 delegados (*Los Tiempos*, 1971.07.04).

As portas do Palácio Legislativo, sede da Assembleia, foram protegidas por uma guarda armada formada por membros de diferentes organizações operárias e estudantis (*El Diario*, 22.06.1971). Uma grande faixa demarcava as sacadas do prédio como um novo território político conquistado: "Asamblea del Pueblo". Atrás da mesa do *presidium* quatro mineiros fardados com seus capacetes característicos e armados de fuzis expressavam uma autoridade política e moral incontestável ao conjunto dos delegados. A Assembleia abriu seu período de deliberações no dia 21 de junho. Após a aprovação do Regulamento e das Bases da Assembleia, o dirigente do POR-Masas, Guillermo Lora, subiu à tribuna e apresentou aquela que seria a resolução nº 1:

1 – Na eventualidade de um golpe, a Assembleia Popular, como expressão do poder operário, assumirá a direção política e militar das massas em combate e lutará para expulsar do país definitivamente a direita, o fascismo e o imperialismo.

2 – Afirmamos que os trabalhadores da Bolívia oporão a violência dos oprimidos à violência reacionária dos exploradores.

3 – O alerta de todo o povo revolucionário e seus quadros de direção não será levantado enquanto não for derrotado o imperialismo.

4 – A Assembleia Popular reitera sua convicção de que a direita não deixará de conspirar, usando instrumentos civis e militares até quando se mantenha incólume seu poder econômico.

5 – Em caso de golpe de Estado, a Assembleia Popular determina que a primeira resposta das massas trabalhadoras será a greve geral e a ocupação imediata dos locais de trabalho (*El Diario*, 23.06.1971).

A segunda resolução homenageava os mineiros mortos no Massacre de San Juan, chamados de "mártires do proletariado", responsabilizando os militares pelos assassinatos e exigindo que os culpados fossem processados e punidos. O documento consolidava a simbologia operária e antimilitarista da Assembleia Popular, procurando fazer dos massacrados de San Juan uma bandeira de luta concreta e palpável, que em grande medida reeditava e lembrava a força simbólica do Massacre de Catavi em 1942 para a revolução de 1952 (Resolução nº 2, La Paz, 23.06.1971).

No dia 24 de junho, terceiro dia de sessões, o Estatuto Orgânico da Assembleia foi aprovado, com vistas a fixar um modelo organizativo e político, em grande parte inspirado nas estruturas da COB. Seu artigo 2º concentra o programa e os objetivos da Assembleia Popular:

> A Assembleia Popular se constitui como direção e centro unificador do movimento anti-imperialista e seu fim fundamental é lograr a libertação nacional e a instauração do socialismo na Bolívia.

Na eleição do *presidium* Juan Lechín tornou-se presidente da Assembleia com 103 votos. Outra candidatura agrupara-se em torno do dirigente mineiro Victor Lopez, jovem secretário-geral da FSTMB, que permitiu a unidade de trotskistas do POR-Masas e comunistas do PCB. Na contagem, esses obtiveram 58 votos. Na composição final da direção os adversários de Lechín foram marginalizados pela seguinte lista de dirigentes: Juan Lechín (presidente), Humberto Pabón (primeiro vice-presidente), Cassiano Amurrio (segundo vice-presidente), Miguel Verástegui, Alfredo Llanos, Oscar Eid e Abraham Monastérios (secretários), Félix Challapa e Guido Quezada (vogais).

A participação dos camponeses por meio de suas organizações sindicais foi restringida estatutariamente, o que provocou tensões que limitaram o alcance das decisões da Assembleia Popular entre as populações do campo. As desconfianças do movimento sindical operário em relação aos camponeses eram fruto da situação criada desde o princípio da década de 1960, quando os principais sindicatos camponeses estavam ainda vinculados aos militares. No entanto, o movimento camponês passava por um processo de realinhamentos políticos desde o final da mesma década. Era possível distinguir três grandes setores no movimento camponês nesse período. O primeiro ligava-se diretamente ao governo Torres como produto do pacto militar-camponês na CNTCB (*El Diario*, 22.06.1971). O segundo setor surgiu no interior da própria CNTCB agrupado em torno da liderança de Genaro Flores e da Federação dos Camponeses de La Paz (Zavaleta Mercado, op.cit, p.140). Esse movimento tinha uma dinâmica própria ligada às comunidades étnicas aimarás, com forte apelo indigenista, e procurava um caminho independente do governo. Um terceiro grupo formava o Bloco Independente Camponês, dirigido pelos maoístas por meio da Unión de los Campesinos Pobres (Ucapo) (Lavaud, 1998, p.255-6).

Entre os debates que mais envolveram os delegados estava o relacionado à apuração do assassinato do dirigente mineiro Isaac Camacho, realizada por uma comissão de investigação especial da Assembleia. A questão conduziu a uma resolução política anunciando a instauração de tribunais populares revolucionários para responder à inoperância e à cumplicidade da justiça burguesa, que "representa um mecanismo do sistema de dominação da oligarquia" (*El Diario*, 29.06.1971).

Os debates sobre o controle operário da mineração estatal permitiram retomar, partindo de um balanço histórico do movimento sindical boliviano, as conquistas e os limites da Revolução de 1952. A nacionalização das minas criara o "controle operário com direito de veto" e dois dos sete diretores da Comibol eram nomeados pela FSTMB. Essa concessão abriu a possibilidade de o sindicato agir diretamente sobre questões administrativas da empresa. No entanto, o sistema de controles, embora tenha sido de início uma conquista importante, terminou por se voltar contra os operários, pois o MNR passou a controlar muitos mandatos sindicais, criando uma poderosa burocracia e impedindo mandatos democráticos e coletivos. A proposta debatida na Assembleia defendia a cogestão operária da Comibol, argumentando que ela prepararia o caminho para a socialização do conjunto da economia do país e serviria para que a população visualizasse de forma mais clara o papel dirigente exercido pela Assembleia Popular (*Presencia*, 01.07.1971).

Outra tema que absorveu preocupações dos delegados foi a formação das milícias armadas e a relação com os militares. Uma resolução da direção da COB de 19 de junho de 1971 orientava os sindicatos a formar milícias, centralizadas em um Comando Militar que teria como direção a Assembleia Popular (*El Diario*, 19 e 20.06.1971). Porém, apesar de formada uma comissão de segurança e milícias, a Assembleia contava principalmente com armas políticas para buscar uma divisão de caráter social no Exército e poder se defender. As armas eram limitadas para enfrentar uma ação militar (*El Diario*, 20.06.1971). Às costas dessas iniciativas, os grupos esquerdistas Movimiento de Izquierda Revolucionario (MIR) e Ejército de Libertación Nacional (ELN) organizaram um Comando Revolucionário para coordenar uma tentativa de luta armada em separado, criticando a falta de iniciativas da Assembleia nesse campo. Entretanto, em 13 de agosto de 1971, um manifesto da Vanguardia Militar del Pueblo demonstrava que existiam reais possibilidades de uma fração do Exército aderir às posições da Assembleia Popular. Esse documento opunha reivindicações dos soldados, cabos e sargentos aos privilégios dos oficiais e identificava-se com o movimento sindical:

> Muito rápido chegará o dia da prova, oportunidade em que seremos os artífices dos escombros de um organismo de vulgar repressão contrarrevolucionária, servil e dócil às ordens do Pentágono e seus lacaios de dentro e fora do país. Edifiquemos uma instituição a serviço e em defesa da verdadeira revolução. (*Presencia*, 13.08.1971; *La Jornada*, 13.08.1971)

Das Assembleias Regionais ao golpe de Hugo Banzer

A situação política após o fechamento da primeira sessão nacional mostrou-se crescentemente tensa, revelando um momento de indefinição e frágil equilíbrio do poder. De um lado, Torres perdera a capacidade política com o projeto de Nova Constituição, esvaziado pela Assembleia Popular, que abria caminho como real alternativa de poder. De outro, o recesso da Assembleia Popular Nacional – apesar das assembleias regionais – fornecia fôlego para que a iniciativa política recaísse em mãos dos grupos golpistas de direita, que voltaram a agir freneticamente. Assim, à medida que a Assembleia se consolidava e se enraizava de forma pouco articulada pelo país, também cresciam alertas, conspirações e iniciativas de setores militares e civis insatisfeitos e temerosos pelos rumos que tomava a mobilização social.

Entre os meses de julho e agosto a Assembleia Popular ganhara autoridade política e densidade organizacional em diferentes regiões e movimentos políticos e sociais no país. As condições políticas favoreciam a realização com grande êxito da segunda sessão nacional, prevista para iniciar-se em 7 de setembro. Em quatro importantes capitais regionais, como Oruro, Sucre, Cochabamba e Santa Cruz, já se constituíam Assembleias Regionais e novas Assembleias Regionais e comitês surgiriam nas primeiras semanas de agosto em Tupiza e Tarija.

A importância política das Assembleias Regionais foi diferenciada e estava relacionada principalmente ao nível de organização e à capacidade de ação política de sindicatos e partidos nas várias regiões. Em Oruro, por exemplo, cercada por acampamentos mineiros, as reuniões foram concorridas – assemelhando-se aos cabildos abertos do período colonial – e suas resoluções eram combativas e radicais. No entanto, a Assembleia Regional não teve o mesmo impacto e importância em Santa Cruz, região que era o centro das articulações golpistas de Hugo Banzer e da nova burguesia agroindustrial. A principal diferença dessas Assembleias Regionais com relação à Assembleia

Popular Nacional era o distanciamento de discussões de caráter excessivamente ideológico e sectário, que tanto enfureciam as delegações operárias. Reivindicações concretas e disposição de ação direta marcaram as atividades e as primeiras iniciativas desses organismos políticos em formação.

O impacto político da Assembleia atingia outros setores sociais simpáticos à proposta. O Congresso Nacional Camponês, realizado na primeira semana de agosto, elegera uma nova direção que apoiava a Assembleia Popular e exigia participação nela. Entre as baixas patentes do Exército começava a fermentar um movimento político que se orientava para as forças sociais em torno da Assembleia. Esse conjunto de fatores acelerou todos os ritmos da luta política, em particular dos círculos golpistas, colocando em alerta os dirigentes da Assembleia.

No começo de agosto o governo não passava de um cadáver aguardando seu coveiro. O depoimento do coronel Hugo Banzer, muitos anos depois, seria esclarecedor de que para os golpistas da direita Torres contava muito pouco em 1971:

> O problema mais sério era a Assembleia Popular, era o governo de fato. Apareceu o ELN atuando. Dizia-se que o poder judiciário seria transferido para tribunais populares de bairros. Estas informações chegavam e me dava muita pena da situação em que estava o país. (Depoimento de Hugo Banzer, "Orden, Paz y Trabajo", 1992)

O governo Torres, com pouca autoridade e permeado por conspirações militares, agiu tardiamente para tentar desarticular seus adversários à direita. Na madrugada de 19 de agosto a prisão do coronel Hugo Banzer desencadeou o golpe, que avançou inicialmente sem grandes resistências. Tudo se passou com altas e fatais doses de improvisação e desespero entre os membros do governo Torres. Os golpistas, de sua parte, não esperavam um êxito imediato em La Paz e se preparavam para uma resistência territorial em Santa Cruz, onde contavam havia vários meses com uma rede de apoios mais sólida, que não se limitava ao Exército, mas incluía empresários ligados às usinas de açúcar, células políticas da FSB e do MNR. O movimento operário e popular da região resistiu como pôde ao golpe. Nas ruas ocorreu um enfrentamento armado de três horas em que trabalhadores fabris e universitários resistiram ao Exército (Documentário "Señores coroneles, señores generales", 1976). Na universidade, invadida após ataques com granadas lançadas pelos militares, a resistência contava apenas com 38 homens e onze armas para o combate. Segundo testemunhas, o general Andrés Selich teria gritado "No quiero presos ni feridos", as portas foram arrancadas e o general novamente vociferou: "Ningún perro rojo vivo!".[2] O "carniceiro de Santa Cruz" seria executado anos depois em La Paz quando conspirava contra seu companheiro de sangue Hugo Banzer.

As notícias do andamento do golpe no Oriente provocaram uma reunião de emergência das organizações operárias e populares de La Paz. O Comando Político da Assembleia Popular chamou a mobilização geral. Ao meio-dia do dia 20 de agosto cerca de 80 mil trabalhadores reuniram-se nas ruas da capital, formando uma impressionante multidão que pedia insistentemente armas. Uma concentração se formou na praça Murillo, onde ficavam as sedes do governo e da Assembleia Popular. Juan Lechín tomou a palavra:

> Pela terceira vez nos reunimos nesta histórica praça Murillo para demonstrar que os quatro pilares da revolução – trabalhadores, estudantes, camponeses e soldados – os quatro setores, estão unidos para esmagar a reação que pretende assentar seu punhal assassino nas costas do povo boliviano. (*El Diario*, 21.08.1971)

---

[2] Depoimento de Jorge Selum, in: GUMUCIO DAGRÓN, A. "Señores coroneles, señores generales". Informe: "Violación de los derechos humanos en Bolivia", 1976, p.126-7, citado por SANDOVAL RODRIGUES, I. *Culminación y ruptura del modelo nacional revolucionario*, p.176.

Torres dirigiu-se à manifestação responsabilizando a esquerda pela situação de fragilidade e prometendo se somar às unidades populares para liquidar o golpe:

> Nem sempre encontrei a compreensão de todos os companheiros que militam na esquerda do país. Pelo contrário, me colocaram pedras no caminho ... Ajude-me meu povo a arrebatar as armas da reação para entregá-las a vocês e defender esta revolução. E com vocês gritarei: os fascistas não passarão! (e o povo gritou em coro) "Não passarão, não passarão" ... Decretamos emergência nacional para que a partir desta data de reafirmação revolucionária, todas as forças vivas do país, os operários, os universitários, os camponeses e as forças armadas selem definitivamente a unidade com o processo libertador. (*Última Hora, La Jornada*; *El Diario*, 20.08.1971)

A resistência armada ao golpe foi feroz e durou cinco dias. O Comando Político da Assembleia Popular decretou a mobilização geral e pela primeira vez na história a COB chamou a resistência armada a um golpe militar. Um Comando Operário buscava coordenar as forças de resistência que se aglutinavam na praça do Stadium em La Paz. Milhares de estudantes e trabalhadores dispunham-se a lutar, mas não havia armas para todos. Nas ruas, manifestantes exibiam cartazes: *"Muera la penetración ianque"*.

Três frentes de luta espalharam-se por La Paz no dia 21 de agosto: às 14 horas uma unidade golpista tomou o Monte Laikakota – ponto estratégico no centro da cidade – em batalha desigual com os operários armados concentrados na praça do Stadium. Outros combates ocorreram em Villa Armonia. Às quatro horas da tarde a Força Aérea e o regimento blindado de Taparacá anunciaram seu apoio ao golpe, depois que as resistências internas nessas unidades foram abafadas (Sandoval Rodriguez, 1970, p.217-8). A Força Aérea iniciou o ataque metralhando vários operários que esperavam seu apoio. Ao longo do dia as forças da Assembleia Popular desfecharam mais de três assaltos a Laikakota. No caminho que liga o Altiplano à cidade houve tentativas de bloquear a descida de tanques. Os mineiros da região de Oruro mobilizaram-se para uma grande concentração no centro da cidade na tarde do dia 20. Assembleias em Siglo XX, Huanuni, Colquiri, San José decidiram pela greve e marcharam armadas com fuzis para a cidade. As emissoras da Rádio Pio XII chamaram a mobilização e condenaram duramente o golpe em andamento, relembrando o massacre de San Juan em 1967 (*La Jornada*, 20.08.1971). Os mineiros reunidos conseguiram tomar os aeroportos da região e em seguida se dirigiram para Oruro. Porém, cometeram um grave erro militar ao não bloquearem as pistas aos aviões, o que permitiu ao Exército enviar tropas de reforço do Oriente. Por volta do meio-dia, tropas especiais *Rangers* chegaram de Challapata e ocuparam a cidade, tomando a Universidade e a Prefeitura. As rádios Oruro e Condor foram tomadas por militantes do MNR e da FSB. Os mineiros concentram-se em San José, mas recuaram da proposta de enfrentamento militar direto (*El Diario*, 21.08.1971).

Em La Paz, porém, a Rádio Illimani, fiel ao governo, era silenciada pelos golpistas às dez horas da noite de 21 de agosto. À meia-noite os ministros de Torres que se encontravam no Ministério do Interior decidiram suspender a resistência e exilar-se na embaixada peruana. Mas não foi Torres quem comandou a resistência. Milhares de trabalhadores e jovens desarmados ou precariamente armados lutavam nesse momento nas ruas de La Paz. A resistência se prolongaria até o amanhecer do dia 23. Nos dias 22 e 23 continuaram os ataques de aviões e tanques em La Paz, houve feridos e a ocupação militar provocou filas de prisioneiros. A cidade transformara-se em um cenário de guerra civil. Na Cruz Vermelha foram registrados 98 mortos e 560 feridos (*Presencia*, 23.08.1978).

O golpe de Hugo Banzer em 19 de agosto de 1971 não apenas destruiu o processo que se desenvolvia em torno da Assembleia Popular ou Comuna de La Paz como fortaleceu e deu novo impulso aos regimes militares da região, a métodos de violência política ainda mais brutais, às perseguições e desaparecimentos de lideranças políticas, que se multiplicaram em milhares de vítimas. O contexto histórico da América Latina na década de 1970 opôs uma tendência revolucionária, expressa na situação boliviana, nos *cordones industriales* e na própria ascensão de Salvador Allende no Chile, no processo do militarismo nacionalista peruano que também daria origem a Assembleias Populares no final da década, às ditaduras militares. A influência dos Estados Unidos teve peso decisivo na vitória do golpe de Banzer, com envolvimento direto de militares. (Lavaud, op.cit., p.125; *Presencia*: 13.04.1978; *El Diario*: 20.12.1970). O caráter internacional do golpe pouco diferiu de uma verdadeira intervenção militar estrangeira. O fim da Comuna de La Paz em 1971, em grande medida um prolongamento da Revolução de 1952, representou uma inflexão política geral na região, que se refletiria logo depois no Chile, no Peru e na Argentina, para ficarmos em exemplos mais representativos.

Conclusão:
LUTA DE CLASSES, INDIGENISMO E NEOLIBERALISMO

A herança revolucionária de 1952, com sua continuidade em 1971, não pôde ser destruída pelo novo período militar que se abriu com a ditadura de Hugo Banzer, prosseguindo como referência histórica e prática nas décadas seguintes. Em torno da COB e das organizações políticas de esquerda e nacionalistas mantiveram-se os núcleos de resistência democrática nos difíceis anos pós-1971. No contexto da repressão desencadeada durante a ditadura Banzer, contra principalmente as organizações operárias e populares, novos movimentos inspirados no indigenismo passariam a ocupar um lugar excepcional nas ações de resistência democrática, fincando raízes e referências para a história futura.

A repressão e o controle vertical imposto ao sindicalismo camponês pelo regime Banzer deram à corrente sindical camponesa dirigida por Genaro Flores – que já se distanciara do pacto com os militares – a ocasião de desenvolver uma ideologia de resistência enraizada na realidade indígena. O marco desse movimento foi o Manifesto Tiahuanacu, publicado em julho de 1973, que denunciava a exploração econômica e a opressão cultural e política dos povos indígenas, o genocídio cultural e a discriminação que os privava de toda participação real na vida do país: um dos focos da resistência foi a Federação Departamental de La Paz, reconstituída na clandestinidade em 1975 como Federação Camponesa Tupac Katari, em homenagem ao líder indígena aimará que enfrentou os espanhóis no final do século XVIII. Essa organização tinha em seu programa reivindicações culturais e étnicas, dizendo-se representante da "classe camponesa indígena". Os kataristas – como ficaram conhecidos –, com seu trabalho paralelo e subterrâneo ao longo da ditadura, sob proteção da Igreja Católica, foram os primeiros em condições de se opor eficazmente ao regime militar. O congresso de constituição da Confederação Nacional dos Trabalhadores Camponeses da Bolívia Tupac Katari se realizou em janeiro de 1978, após a greve de fome de 1.300 pessoas pelo restabelecimento das liberdades sindicais. Em junho de 1979 uma nova confederação camponesa foi criada no interior da COB, sendo Genaro Flores eleito seu presidente.

O sindicalismo katarista rejeitou inicialmente a aliança operário-camponesa, buscando a afirmação étnica como referência para a luta de classes. Sua expressão mais latente foi uma constante crítica às organizações de esquerda, que não considerariam em suas perspectivas políticas a existência da opressão sobre os grupos étnicos bolivianos. A importância do katarismo, ainda que o movimento tenha concretamente desenvolvido divisões entre trabalhadores bolivianos, residiu no fato de ter conseguido romper com a tradição do sindicalismo camponês oficial implantado pelo MNR desde 1953 e consolidado pelos militares. Porém, o indigenismo político, embora partisse de uma questão real, a opressão sobre as etnias andinas, na maior parte das vezes serviu para obscurecer a luta de classes e dificultar a ação independente e unificada dos setores operários e populares em torno de reivindicações econômicas e políticas comuns.

Nas mobilizações pela democracia no final da década de 1970 os sindicatos operários retomaram sua grande capacidade de mobilização. O governo Banzer terminaria após as eleições de 9 de julho de 1978, marcadas por fraudes e grandes irregularidades, mas que permitiram a vitória do ex-presidente Hernan Siles Suazo pela coalizão Unión Democrática y Popular (UDP). O candidato ligado ao regime, general Juan Pereda, da coalizão Unión Nacionalista del Pueblo (UNP), derrotado, pediu e conseguiu a anulação das eleições. No dia 20 de agosto de 1978 Pereda tomou o poder. Vale salientar que Hugo Banzer não reconhecera a vitória de Siles Suazo. Os quatro anos seguintes foram marcados por profunda instabilidade política que beirou a completa delinquência governamental. Até 19 de outubro de 1982 a Bolívia conheceu nove períodos presidenciais.

O período militar banzerista ajudara a pulverizar as forças políticas e sociais organizadas. De um lado, militares e frações da burguesia divididos e enfraquecidos não conseguiram consolidar uma equipe de governo estável, de outro, as forças democráticas e populares, também sem unidade e coesão política suficientes, foram incapazes de erigir uma alternativa. Na confusa conjuntura desse período apenas as Forças Armadas e a COB permaneceram como núcleos ainda capazes de articular grupos sociais mais amplos. O 5º Congresso da COB em 1º de maio de 1979 e o 18º Congresso da FSTMB em abril de 1980 buscaram um caminho independente que culminou na formação do Comitê Nacional de Defensa de la Democracia (Conade), incorporando a COB ao processo eleitoral com o objetivo de evitar mais um golpe. As novas eleições ocorreram em 29 de junho de 1980, com vitória da chapa Hernan Siles e Paz Zamora novamente pela coalizão UDP, que contabilizou 507.173 votos. No dia 17 de julho, porém, o general Garcia Meza desfechou um dos mais brutais golpes de Estado da América Latina. Em La Paz grupos paramilitares invadiram a sede da COB atirando. Os dirigentes mineiros Gualberto Vega e Carlos Flores e o dirigente e ex-ministro pelo Partido Socialista Marcelo Quiroga foram assassinados friamente na frente de seus companheiros. O objetivo era disseminar o terror entre os dirigentes e desarticular qualquer resistência.

O grupo militar que tomava o poder correspondia já a um grau superior de degeneração do regime militar, mantendo laços com o narcotráfico. Utilizava sistematicamente táticas de terror dos militares chilenos e argentinos, com emprego de grupos paramilitares para assassinatos e desaparecimentos que se espelhavam na ditadura de Pinochet. O objetivo era instaurar um regime militar orgânico, que permitisse a total destruição da COB e de suas bases sindicais, bem como a rejeição da democracia constitucional. É um período de agravamento da crise econômica e de isolamento político internacional, no momento em que o governo dos Estados Unidos flexibilizava sua política anterior de apoio aos golpes e governos militares na região. Essas variáveis foram pouco a pouco minando os apoios internos às Forças Armadas e disseminando divisões entre suas diferentes camarilhas. A resistência da classe operária boliviana ganhava espaço para novamente se rearticular em torno da COB.

Em outubro de 1982 – nos trinta anos da revolução de 1952 – Hernan Siles foi empossado presidente após os dois anos de brutal interregno militar. Seu governo se prolongou até 6 de agosto de 1985. A situação econômica era cada vez mais grave. O país estava envolvido, como toda a América Latina, na crise da dívida e precipitava-se para o caos econômico. Os militares enfraqueceram, endividaram e desorganizaram o setor público. O PIB em 1982 recuara 9,2% e os preços aos consumidores aumentaram 296,5%. A inflação chegou a níveis incontroláveis. A COB exigia aumentos salariais e controle operário das minas, desencadeando protestos, passeatas e bloqueios de estradas. O governo Siles perdia gradualmente sua credibilidade ao se chocar com os movimentos sociais e manter o país na crise. No fim de 1984 os preços do estanho caíram no mercado internacional, eliminando a pouca margem de manobra do governo. A inflação atingiu em 1985 a cifra de 23.500%, desorganizando profundamente a economia nacional.

Nas eleições de julho de 1985 o velho líder do MNR Victor Paz Estenssoro tornou-se presidente pela quarta vez. Durante seu primeiro governo em 1952, havia sido levado a nacionalizar a grande mineração após vigorosa pressão dos mineiros e da COB. Uma difusa memória revolucionária de 1952 estava ainda associada a seu nome e ao passado do MNR. A ideologia do nacionalismo emenerrista, embora fosse forte obstáculo ao desenvolvimento e à consolidação de partidos operários e socialistas de massa, ligava-se à revolução de 1952 e dificultava a imposição de um plano de ajuste econômico liberal. Era necessário ao velho núcleo conservador do MNR, agora alinhado ao neoliberalismo de Margaret Thatcher e Ronald Reagan, o desmonte dos setores políticos e econômicos que concentravam a principal herança revolucionária de 1952: a classe operária organizada em torno da mineração nacionalizada e as organizações agrupadas em torno da COB.

Em agosto de 1986 foi baixado o decreto 21060, portador da Nova Política Econômica do MNR, um plano de ajuste estrutural acordado com o FMI, que provocou imediata recessão econômica e desemprego. Os grandes centros de mineração estatal foram privatizados ou fechados e os efeitos sociais foram devastadores: pelo menos 23 mil operários demitidos, 65% dos trabalhadores do setor público. A medida foi uma declaração de guerra contra a classe operária organizada. Paz Estenssoro declarou estado de sítio e prendeu mais de 150 dirigentes sindicais, que foram banidos para o norte amazônico da Bolívia.

A COB convocou uma greve geral de mais de duas semanas e paralisou o país. Os mineiros organizaram uma marcha a La Paz, mas foram detidos pelo Exército a 100 quilômetros da capital e forçados a retornar em trens para Oruro. Era a última grande batalha unificada da resistência mineira antes do desmantelamento da Comibol. Perseguidos, com seus líderes presos, sufocados economicamente – suas famílias sofriam com a falta de salários e comida – começou o grande êxodo, a dispersão do setor mais politizado e organizado da classe operária boliviana. Milhares de famílias migraram para a zona rural ou para a periferia dos grandes centros urbanos. O movimento operário que desde 1952 organizara-se em torno da COB e do seu núcleo mineiro se enfraqueceu. As organizações operárias perdiam espaço e poder de aglutinação. A resistência popular tentava se reagrupar em condições difíceis, dando lugar para o desenvolvimento de novas correntes políticas de origem indigenista ou camponesa. O desemprego, a desorganização dos setores econômicos, o aumento do narcotráfico e a corrupção generalizada avançavam em todo o país. As privatizações ganhavam força com a derrota momentânea da COB.

Paralelamente à crise do movimento operário, um novo sistema de governo parecia se consolidar a partir de 1985. São partidos moderados ligados aos setores da burguesia, que se alternaram no poder em quatro processos eleitorais consecutivos: 1985, 1989, 1993 e 1997. Trata-se, sob o véu da consolidação de uma aparente democracia moderna, de um verdadeiro pacto que exclui os setores populares, indígenas e operários por meio da organização de coalizões parlamentares e governamentais. Surgem novas formações políticas de caráter eleitoral, como o Condepa e a UCS, que se somam ao centro político do sistema, mais coeso ideologicamente e concentrado em torno do MNR, MIR e ADN.

O movimento dos plantadores de folhas de coca ganha espaço nesse período pós-1985 e passa a incorporar experiências políticas de antigos sindicalistas mineiros e mesmo do movimento katarista. Os confrontos entre os governos bolivianos e os plantadores potencializam o movimento dos produtores de folha da região do Chapare, que ocupa ao longo da década de 1990 um lugar cada vez mais relevante como polo de resistência popular, suplantando a hegemonia da COB. Grande parte da nova população é composta por fugitivos da recessão econômica da década de 1980, que se unem aos antigos plantadores, aglutinando setores sociais com experiências políticas de resistência diversas.

As pressões contra os plantadores de coca transformaram um movimento de resistência inicialmente econômico em conflito de caráter político. As fragilidades institucionais do Estado boliviano favorecem a imposição das políticas internacionais dos Estados Unidos em relação ao combate ao narcotráfico, por meio de organismos multilaterais. As negociações com os Estados Unidos sacrificam ainda mais a soberania do país. O Estado boliviano assume os custos políticos e os plantadores suportam os custos sociais da destruição de sua única fonte de sobrevivência. A reivindicação inicial de livre cultivo ou defesa da folha amplia-se e o discurso dos plantadores muda, buscando articulação com outros setores sociais mobilizados. No período entre 1987 e 1990, os plantadores desenvolvem a campanha *"Hoja de coca, 500 años de resistencia"* com o objetivo de ampliar a conquista da opinião pública na cidade e relacionar a luta em defesa da folha com o resgate da soberania nacional. Essa estratégia permitiu articular o movimento com outros setores oprimidos, sindicatos e movimentos estudantis e intelectuais, partidos de esquerda e aliados na Igreja Católica. O movimento cocaleiro incorpora reivindicações sociais mais amplas e um discurso mais coerente contra o neoliberalismo. Em junho de 1991 os cocaleiros organizam a "Marcha da dignidade e da soberania" à sede do governo em La Paz. Em 1994 articula-se com a Izquierda Unida (IU) mediante um instrumento político criado pelos cocaleiros e conhecido como "Assembleia para a Soberania dos Povos" (ASP), que em 1995 conquistou a maioria nas câmaras municipais da região de Cochabamba.[1] Em 1997 a ASP consegue conquistar pela primeira vez quatro cadeiras no parlamento e Evo Morales obtém 70% dos votos na sua região.

O governo de Sanchez de Lozada (1993-1997), ex-ministro da economia de Paz Estenssoro em 1985, aprofunda nesse mesmo momento o curso neoliberal do regime. Sua eleição foi o resultado direto das eleições de junho de 1993, nas quais o MNR, em aliança com o MRTKL (uma dissidência conservadora dos movimentos kataristas), consegue 36,8% dos votos. São aprovadas sete novas leis visando a acelerar as privatizações e ao enfraquecimento da previsível resistência popular. Trata-se de iniciativas ligadas a reforma do Poder Executivo, participação popular, capitalização das empresas estatais, reforma educativa, descentralização, lei de terras e lei dos hidrocarbonetos.

As mudanças mais profundas tentadas por Lozada estavam no estratégico setor de energia e despertaram feroz oposição. A chamada "política de capitalização", uma forma velada de privatização, favorecia as empresas multinacionais, sob o pretexto de atrair investimentos ao setor de energia. Em 1990

---

[1] O MAS, originado do movimento dos cocaleiros, por um de seus principais ideólogos, Álvaro Garcia Linera, critica a organização tradicional dos partidos de esquerda baseados na luta de classes e na liderança da classe operária.

foi promulgada uma lei sobre hidrocarbonetos (nº 1.194) a fim de atrair parcerias estrangeiras para explorar o gás, a qual foi considerada insuficiente pelo novo governo. Em 1996 nova lei, de nº 1.689, é aprovada. Essa, embora mantivesse a propriedade formal do Estado sobre as fontes e reservas de gás, cedia o controle às empresas contratadas. Na prática a lei de 1996 e o decreto de 1997 desrespeitavam princípios constitucionais do país que afirmam serem os recursos naturais propriedade inalienável do Estado.

A ofensiva neoliberal prossegue com a eleição do ex--ditador Hugo Banzer para um mandato até 2002, mas encontra crescente resistência. Banzer propõe no início de sua gestão a erradicação total das plantações de folhas de coca. É o programa "Coca Zero", financiado e orientado pelos Estados Unidos, que desencadeia a repressão contra os movimentos sociais. Em 1999 o Congresso, dirigido majoritariamente pelo governo, inicia um processo por falta de decoro parlamentar contra o dirigente dos cocaleiros Evo Morales, acusado de incentivar a violência e o conflito de trabalhadores rurais com a polícia e provocar várias mortes de camponeses e policiais. A aceleração dos conflitos muda de tonalidade.

A resistência popular toma a iniciativa. A vitória na chamada "guerra da água" em Cochabamba entre dezembro de 1999 e abril de 2000 – quando o movimento paralisa o país exigindo o fim da privatização da água pela empresa multinacional Bechtel – permite afirmar que um novo ciclo de mobilizações revolucionárias se inicia na Bolívia. Os camponeses fecharam as estradas. Em La Paz a polícia entrou no movimento por reivindicações específicas da categoria. Os professores pararam por motivos salariais e os operários nos distritos mineiros aderiram à mobilização.

A nova situação rompeu os obstáculos para uma aliança social mais ampla das forças sociais mobilizadas. Para surpresa dos observadores distantes, um novo bloco popular organizou-se e a candidatura de Evo Morales e do MAS capitaliza grande parte desse movimento e consegue 20,94% dos votos para a presidência nas eleições de 2002. O MNR, com 22,45% dos votos em uma vitória apertada, elegeu o presidente. Os resultados finais da eleição mostraram o surgimento de uma nova força política vinda das recentes mobilizações de massa: MNR 22,46% dos votos, MAS 20,94%, NFR 20,91%, MIR 16,31% e os partidos restantes 19,38%. A ADN teve uma votação insignificante, o que demonstrou o desgaste da chamada direita modernizada. Gonzalo Sanchez de Lozada do MNR é novamente eleito presidente. Conhecido como "El Gringo" ou Goni pela população boliviana, dispõe-se a prosseguir o roteiro neoliberal.

Em 20 de setembro de 2003, mais de 500 mil pessoas se manifestam em todo o país contra o projeto de exportação das fontes naturais pelo Chile, episódio conhecido como Guerra do Gás. É o mesmo movimento político desencadeado em 2002, que ganha contornos cada vez mais dramáticos. O governo afirmava ser essa uma grande oportunidade para a Bolívia superar a situação econômica de pouco desenvolvimento. O debate sobre a questão do gás engaja a quase totalidade das forças políticas do país. Os principais movimentos sociais e sindicatos (CSUTCB, COB, COR-El Alto, Fejupe, Coordenadora da água e gás) unem-se pela reivindicação de nacionalização imediata de todas as fontes em hidrocarbonetos. O MAS de Evo Morales defende uma posição mais moderada de negociações no parlamento.

A tensão cresce em fevereiro de 2003 e em outubro o Exército se enfrenta com os habitantes da cidade de El Alto, ao lado da capital La Paz. O enfrentamento une camponeses, indígenas, membros do sindicalismo da COB, desempregados e excluídos de todo tipo. São formadas barricadas que bloqueiam a capital e marchas se sucedem para pressionar o governo. A onda de mobilizações alcança as comunidades e cidades do altiplano e os departamentos de Oruro e Potosí. A cidade de El Alto, dormitório dos trabalhadores e sede das principais indústrias, recentemente separada de La Paz, tornou-se o centro das ações revolucionárias. Com muitos problemas urbanos e uma população pobre e de origem basicamente aimará, transformou-

-se no caldeirão em que fervilhou a rebelião popular. Durante duas semanas a população da cidade virtualmente instaurou um duplo poder no controle territorial dos bairros e enfrentou, mesmo em condições desiguais, as Forças Armadas. Mais de oitenta pessoas morreram nos conflitos.

A Guerra do Gás avivou a memória das insurreições populares, das quais a classe operária constituiu o principal núcleo desde 1952. Mais uma vez a situação permitiu reagrupar essas forças em oposição às forças políticas e sociais tradicionalmente ligadas aos grandes proprietários e aos capitais externos. A COB, até então dirigida pelos partidos ligados ao governo Goni, realiza um novo congresso em agosto de 2003, quando uma nova direção de oposição, liderada pelo mineiro Jaime Solares, é eleita. O MAS privilegia a via eleitoral e aposta nas negociações com os partidos governistas.

As mobilizações de fevereiro e outubro de 2003 mostram a rápida decomposição do aparato estatal. O presidente Goni renuncia no dia 17 de outubro e o vice-presidente, Carlos Mesa, assume o governo. Recebe o apoio crítico de Evo Morales e do MAS, que questionam a validade da greve geral convocada pela COB. O MAS pede que Mesa revise progressivamente todos os contratos de exploração do gás e promulgue uma nova lei dos hidrocarbonetos.

O referendo sobre a gestão dos hidrocarbonetos de julho de 2004 tem resultados incontestáveis. Em um universo de 4,4 milhões de eleitores submetidos a cinco questões, os resultados foram: mais de 80% dos votantes aprovam a revogação da lei de 1997, mais de 90% aprovam a recuperação pelo Estado boliviano da propriedade dos hidrocarbonetos, mais de 85% se pronunciam pela reativação da empresa pública de hidrocarbonetos, YPFB, mais de 60% pela utilização do gás como fonte estratégica para obter acesso a soberania da Bolívia ao Oceano Pacífico, enfim, mais de 65% aprovam a exportação do gás. Porém, Carlos Mesa tenta distorcer os resultados do plebiscito. A lei adotada em 17 de maio de 2005 descarta a nacionalização e se limita a aumentar a taxação sobre o valor declarado dos lucros das grandes empresas.

A COB, os mineiros, os professores urbanos e a federação das associações de vizinhos de El Alto retomam as mobilizações. La Paz é sitiada e o governo paralisado. A exigência de nacionalização imediata dos hidrocarbonetos unifica os movimentos. Setores conservadores, em contrapartida, agrupam-se principalmente nos departamentos do Oriente em oposição às mobilizações populares, unidos também por reivindicações de autonomia que acenam até mesmo com a possibilidade de separatismo de regiões. O governo Mesa busca a mediação da Igreja Católica e do MAS para chegar a uma saída negociada que salve o regime. Mesa, por fim, é obrigado a renunciar em 9 de junho de 2005 e Eduardo Rodrigues, presidente da Corte Suprema, assume o governo em um mandato-tampão até as eleições marcadas para dezembro do mesmo ano.

Os comunicados da COB buscam retomar sua longa tradição histórica de 1952 e 1971. Voltam a falar da necessidade de convocar uma Assembleia Popular Nacional, proposta que mais uma vez vai para a agenda política do país, ao lado da deliberação oficial de convocar uma Constituinte para junho de 2006. No dia 10 de dezembro de 2005 a COB organiza sua primeira Cúpula Nacional Operária e Popular para reafirmar as reivindicações recentes dos movimentos sociais. Em contrapartida, a candidatura presidencial de Evo Morales aparece como uma resposta e uma saída para amplos setores das massas populares jogadas na miséria pelos longos vinte anos de aplicação dos planos neoliberais. A conjuntura do país insere-se no contexto latino-americano igualmente marcado por rupturas. A vitória de Morales por maioria absoluta dos votos expressa na arena eleitoral, aos olhos de milhões de bolivianos, a síntese vitoriosa de numerosas batalhas recentes. A revolução boliviana, portadora de contradições ao lado de uma rica tradição histórica de lutas populares, segue como caminho aberto para uma nação esmagada e empobrecida, mas que não desiste de construir seu próprio futuro independente. Com a maioria, os trabalhadores do campo e da cidade, está a chave desse futuro.

Bibliografia

ALEXANDER, R J. *La Revolución nacional boliviana,* La Paz: Dirección nacional de informaciones, 1961, 299p.

ALMARAZ PAZ, S. *El poder y la caída – el estaño en la historia de Bolivia,* 4.ed., La Paz: Los Amigos del Libro, 1967, 259p.

ANAYA, R. *Nacionalización de las minas de Bolivia.* Cochabamba: Imprenta Universitaria, 1952.

ANTEZANA E. L. *Historia secreta del movimiento nacionalista revolucionario.* La Paz: Juventud, 1986, 10 tomos.

ARGAÑARÁS, F. G. Bolivia's Transformist Revolution, *Latin American Perspectives,* Issue 73, v.19, 1992, p.44-71.

BARROS Fº., O. *Bolívia: vocação e destino.* São Paulo: Versus, 1980, 208p.

BEDREGAL, G. *La revolución boliviana.* La Paz: Dirección Nacional de Informaciones, 1962, 119p.

CAJIAS, L. *Juan Lechín – historia de una leyenda.* 3.ed. La Paz: Los Amigos del Libro, 1984, 487p.

CORBETT, C. D. *The Latin America military as a socio-political force*: case studies of Bolivia and Argentina. Miami: Coral Gables, 1972.

CUSICANQUI, S. R. Apuntes para una historia de las luchas campesinas en Bolivia. CASANOVA, P. G. (Org.). *Historia política de los campesinos latinoamericanos.* México: Siglo XXI, v.3, 1985, p.146-207.

DUNKERLEY, J. *Rebelión en las venas* – la lucha política en Bolivia 1952-1982. La Paz: Ed. Quipus, 1987, 328p.

ECKSTEIN, S. Transformation of a 'revolution from below' – Bolivia and International Capital, *Comparative Studies in Society and history,* 25(1), Jan., 1983, p.105-35.

ECHAZÚ ALVARADO, J. *El militarismo en Bolivia*. La Paz: Ed. Liberación, 1988, 469p.

FLORES, E. Un año de reforma agraria en Bolivia, *El Trimestre Económico*, 22(2), 1956.

FRONTAURA ARGANDOÑA, M. *La revolución boliviana*. La Paz: Los Amigos del Libro, 1974, 329p.

GARCIA, A. La reforma agraria y el desarrollo social de Bolivia, *El Trimestre Económico*, v.31(123), 1964.

GUMUCIO, M. B. *Historia Contemporanea de Bolivia (1930-1976)*. La Paz: Gisbert, 1976.

GUZMAN, A. *Paz Estenssoro*. La Paz: Los Amigos del Libro, 1986, 282p.

IRIARTE, G. *Los mineros, sus luchas, frustaciones y esperanzas*. La Paz: Puerta del Sol, 1983, 298p.

JUSTO, L. *La revolución derrotada*. Buenos Aires: Juárez, 1973, 321p.

KLEIN, H. *Orígenes de la revolución nacional boliviana* – la crisis de la generación del Chaco. La Paz: Juventud, 1968, 440p.

_____. *Historia General de Bolivia*. La Paz: Juventud, 1982, 361p.

LAVAUD, J. P. *El embrollo boliviano*. La Paz: Cesu-IFEA-Hisbol, 1998, 416p.

_____. La mobilization politique du paysannat Bolivien, *Revue Française de Sociologie*, 18(4), Août-Dec. 77, p. 625-49.

LAZARTE R. J. *Movimiento obrero y procesos políticos en Bolivia (historia de la COB, 1952-1987)*. La Paz: Offset Boliviana, 1989.

LORA, G. *La revolución boliviana de 1952* – análisis crítico. La Paz: s/d, 408p.

_____. *Contribución a la historia política de Bolivia (historia del POR)*. La Paz: ISLA, 1978, 2v.

_____. *Historia del Movimiento Obrero Boliviano 1923-1933*. La Paz: Los Amigos del Libro, 1970, 415p.

LORA, G. *Historia del Movimiento Obrero Boliviano 1933-1952*, La Paz: Los Amigos del Libro, 1980, 703p.

MAGIL, J. *Labor Unions and Political socialization*: a case study of bolivian workers. Nova York: Praeger Publ., 1974, 291p.

MALLOY, J. M. *Bolivia: la revolución inconclusa*. La Paz: CERES, 1989, 536p.

_____. *Revolution and reaction*: Bolivia 1964-1985. New Jersey: Trans. Books, 1988, 244p.

MANSILLA, H. C. F. La revolución nacional de 1952 en Bolivia: un balance crítico, *Bolivian Studies Journal*, 10, 2003, p.112-28.

NASH, J. *We eat the mines ant the mines eat us, dependence and exploration in Bolivian tin mines*. Nova York: Columbia Univ. Press, 1979, 363p.

PANDO, R. J. *Participación y mobilización campesinas en el proceso revolucionario boliviano*. México: América Indígena, 32(3), 1972, p.907-33.

PEÑALOZA C. L. *Historia del movimiento nacionalista revolucionario 1941-1952*. La Paz: Dirección Nacional de Informaciones, 1963, 295p.

SANDOVAL RODRIGUEZ, I. *Nacionalismo en Bolivia*. La Paz: Artes Gráficas Burrillo, 1970, 278p.

_____. *Culminación y ruptura del modelo nacional--revolucionario* – Torres en el escenario político boliviano. La Paz: Ed. Urquizo (imp.), 1979.

SCALI, P. (Pierre Broué). *La revolution bolivienne*. Paris: Soc. Prense et Librarie, supplement de la Verité, 333, 9-22 Avril, 1954.

VIRREIRA, W. H. *Breve historia de la minería boliviana*. La Paz: Los Amigos del Libro, 1979.

ZAVALETA MERCADO, R. *El poder dual*. La Paz: Los Amigos del Libro, 1987, 287p.

_____. Forma clase y forma multitud en el proletariado minero en Bolivia, Z. MERCADO, R. (Org.). *Bolivia Hoy*. México: Siglo XXI, 1983, p.219-40.

ZAVALETA MERCADO, R. Considerações gerais sobre a história da Bolívia (1932-1971), CASANOVA, P. G. (Org.). *América Latina* – história de meio século. Brasília: Ed. UnB, v.2, 1988, p.15-73.

SANDERS, G. E. The quiet experiment in American diplomacy – an interpretative essay on United States aid to the Bolivian revolution, *Americas,* Acad. of Am. Frans. Hits. 33(1), 1976, p.25-49.

WOLF, E. *Guerras camponesas no século XX.* São Paulo: Global, 1984.

Periódicos citados

El Diario, La Paz
La Jornada, La Paz
Boletin FedMineros, La Paz
Presencia, La Paz
Última Hora, La Paz
Los Tiempos, Cochabamba
Lucha Obrera (POR), La Paz
Masas (POR), La Paz
Gaceta Oficial de Bolivia

Documentários e filmes

Orden, Paz y Trabajo. 1992. Dir. Carlos Meza Gisbert e Mario Espinoza. Produção: PAT (Periodistas Asociados Televisión). Documentário para TV.

El Coraje del Pueblo. 1971. Dir. Jorge Sanjinés, cor, 16 mm. Produção: RAI e Grupo Ukamau.

Señores coroneles, señores generales. 1976. Dir. Alfonso Gumucio Dagrón, 80 min. Produtor: Institute de Hautes Études Cinematografiques (IDHEC/Paris).

Coleção Revoluções do Século XX

Direção de Emília Viotti da Costa

A Revolução Alemã – Isabel Loureiro
A Revolução Boliviana – Everaldo de Oliveira Andrade
A Revolução Chinesa – Wladimir Pomar (org.)
A Revolução Cubana – Luís Fernando Ayerbe
A Revolução Guatemalteca – Greg Grandin
A Revolução Iraniana – Osvaldo Coggiola
As Revoluções Russas e o Socialismo Soviético – Daniel
   Aarão Reis Filho (Org.)
A Revolução Nicaraguense – Matilde Zimmermann
A Revolução Salvadorenha – Tommie Sue-Montgomery
   e Christine Wide
A Revolução Vietnamita – Paulo Fagundes Visentini
A Revolução Venezuelana – Gilberto Maringoni

SOBRE O LIVRO

Formato: 10,5 x 19 cm
Mancha: 18,8 x 42,5 paicas
Tipologia: Minion 10,5/12,9
Papel: Off-white 80 g/m² (miolo)
Cartão Supremo 250 g/m² (capa)
1ª edição: 2007
6ª reimpressão: 2021

EQUIPE DE REALIZAÇÃO

Edição de Texto
Ana Cecília Água de Melo (Copidesque)
Nair Kayo (Preparação de original)
Marcelo Donizete de Brito Riqueti (Revisão)
Kalima Editores (Atualização ortográfica)

Impressão e Acabamento